# SOUVENIRS

# D'UN ZOUAVE

SOUS PRESSE

SOLFERINO !

Abbeville — Imp. P. Briez

# SOUVENIRS

D'UN

# ZOUAVE

## (CAMPAGNE D'ITALIE)

## MAGENTA ET MARIGNAN

PAR

## LOUIS NOIR

... Et quorum pars parva fui.
(VIRG.)

PAULATIM CRESCOAM

PARIS

ACHILLE FAURE, LIBRAIRE-ÉDITEUR

23, Boulevard Saint-Martin, 23

1866

# SOUVENIRS D'UN ZOUAVE

## (CAMPAGNE D'ITALIE)

### MAGENTA ET MARIGNAN

---

## CHAPITRE PREMIER

### AVANT MAGENTA

Sur le Tessin. — Un pêcheur à la ligne. — Miracle. — Les bottes du
gendarme. — Le fou sans le savoir. — Sauvé par un gendarme.

Palestro que nous avons raconté fut le préliminaire
de la bataille de Magenta. La victoire des turcos avait
dégagé les abords du Tessin ; nous étions installés
(2e corps et Garde-Impériale) sur l'autre rive du
fleuve et du canal parallèle ; l'ennemi n'était pas
en vue, on ne l'attendait point.

1

Personne ne croyait une bataille imminente ; les zouaves descendirent sur le bord de l'eau pour laver leur linge. La matinée était magnifique, le soleil étincelait dans un ciel sans nuage. Le canal coulait au milieu de jardins en fleurs et de vergers plantés d'arbres touffus, à l'ombre desquels se cachaient des maisonnettes champêtres ; les oiseaux gazouillaient gaiement sous la feuillée et les soldats chantaient sur les rives du *Naviglio-Grande,* qu'ils devaient teindre de leur sang un peu plus tard.

Au milieu de cette animation, un gendarme, gravement occupé à pêcher à la ligne, attirait l'attention de tous les troupiers, qui lui décochaient d'amicales plaisanteries ; le brave gendarme, au plaisir de la pêche joignait celui du bain. Il avait ôté ses bottes, et, assis sur le quai du canal, il avait livré *ses pieds nus aux caresses du flot* (on ne saurait déployer trop de poésie, quand il s'agit du corps célébré par Nadaud.)

Les zouaves ne purent résister au désir de jouer un tour à ce pêcheur à la ligne ; l'un d'eux se glissa derrière lui, et, avec l'adresse d'un singe, lui enleva ses bottes au moment où une ablette mordait à l'hameçon ; il les emporta, passa le canal à la nage, plaça les bottes en face du gendarme et se cacha.

Tout à ses ablettes, le pêcheur n'avait rien vu ; cependant une clameur lui fit lever la tête, et il aperçut une centaine de zouaves qui gesticulaient en criant miracle !... miracle !

— Tiens, il s'est passé quelque chose d'extraordinaire, — se dit le gendarme.

Et il questionna les zouaves.

— Vous n'avez donc pas vu le prodige ? — firent ceux-ci.

— Non, ma foi ! de quoi s'agit-il ?

— De vos bottes, parbleu !

— Tiens, c'est vrai, elles ne sont plus là.

— Les voilà de l'autre côté du canal.

— Tonnerre ! s'écria le gendarme ébahi ; comment diable sont-elles allées là bas ?

— Elles ont volé comme des oiseaux.

— Vous voulez rire ?

— Du tout ; et tenez, elles marchent maintenant.

En effet, le zouave avait attaché une ficelle aux tiges de bottes et il les tirait à lui tout doucement à travers les herbes.

Le gendarme ahuri regardait ce prodige en se demandant s'il n'était pas fou ; enfin il prit le parti de se déshabiller et de passer le canal ; les bottes se mouvaient avec une rapidité inquiétante, et, quand il fut arrivé sur l'autre bord, elles avaient disparu.

Il se tourna de tous les côtés pour tâcher de les découvrir, et il poussa un cri de stupéfaction en apercevant à la place qu'il venait de quitter, un superbe gendarme, la ligne en main, ayant une paire de bottes à ses côtés.

Les zouaves. s'étaient remis à laver leur linge et semblaient ne pas s'occuper d'autre chose.

—Ah ça mais! suis-je fou?—se demanda le malheureux gendarme avec terreur.

Et il contempla son collègue.

C'était bien là l'aspect d'un gendarme, d'un vrai gendarme, d'un beau gendarme.

Notre homme passa le canal en toute hâte, et vint auprès de celui qui s'était si étrangement substitué en son lieu et place.

— Camarade, lui demanda-t-il imidement, il y a-t-il longtemps que vous êtes là ?

— Deux heures, — répondit le pêcheur.

— En êtes-vous bien sûr ?

— Pour qui me prenez-vous ?

— C'est que...

— Quoi... morbleu ! —fit le pêcheur d'un air courroucé.

— Rien, — répliqua le pauvre diable.

Et il s'en alla près d'un zouave, le pria de lui prêter un capuchon, s'en enveloppa de son mieux, et regagna le camp, où il raconta à ses amis qu'il avait eu un accès de folie pendant lequel il s'était promené sans uniforme, n'ayant pas conscience de ce qu'il faisait.

Un immense éclat de rire résonnait en ce moment sur les rives du canal, partagé par un de nos généraux et son état-major qui avaient assisté à cette scène ; inutile de dire qu'un zouave avait endossé l'uniforme du gendarme et avait joué son rôle en conscience.

Un mois plus tard, le même gendarme sauvait, au péril de sa vie, deux fantassins qui, en se baignant dans le Mincio, allaient se noyer sous une écluse ! Ce n'est pas le seul trait de dévouement et d'intrépidité que donna le corps de la gendarmerie, qui mérita de nouveau l'estime de toute l'armée.

# CHAPITRE II

## LA GARDE IMPÉRIALE

Tout à coup le clairon retentit : il sonnait la marche du régiment. On avait reçu ordre de lever le camp et de se mettre en route ; les zouaves remontèrent au bivouac avec leur linge mouillé, mirent sac au dos, et sur le sac étalèrent leurs chemises au soleil pour les faire sécher en marchant. On ne se doutait pas que l'ennemi était proche.

Giulay avait appris notre présence sur sa gauche ; il avait encombré de troupes le chemin de fer de Milan, et rassemblé cent quarante mille hommes qui s'avançaient pour nous jeter dans le Tessin.

Il avait divisé son armée en deux corps, dont l'un devait arrêter le général Mac-Mahon et ses trente mille hommes ; l'autre devait culbuter les grenadiers de la garde. Le reste de notre armée n'avait pas passé le Tessin, et quatre lieues séparaient le corps du général Mac-Mahon de la division des grenadiers. On était si loin de s'attendre à la rencontre des Autrichiens que les fourriers de toutes les compagnies de grenadiers marchaient avec l'avant-garde pour préparer les logements à Magenta.

Pour bien comprendre la situation, il faut s'imaginer le Tessin et le Naviglio-Grande coulant parallèlement à une distance de cinq ou six kilomètres l'un de l'autre. Le matin de la bataille, les grenadiers de la garde ont à traverser les deux fleuves ; quatre lieues plus haut, à Turbigo, Mac-Mahon les a traversés déjà la veille ; il est prêt avec son 2ᵉ corps et la division de voltigeurs de la garde à se porter au secours des grenadiers.

Tous les combats livrés par ceux-ci ont lieu entre le Tessin et le canal (Naviglio-Grande) ; il s'agit de passer ce canal pour marcher sur Magenta qui est en arrière.

Ce passage a lieu par trois points principaux :

1º Buffalora où se trouve le pont le plus élevé sur le cours du Naviglio.

2º Ponte-Nuovo au centre.

3º Ponte-Vecchia.

Des redoutes défendent les têtes de ces ponts.

Le matin, les grenadiers passent le Tessin dont on ne leur dispute pas la possession, sur un pont unique à demi rompu.

Dès deux heures du matin, notre garde impériale

1.

établie en avant de ce pont, engagea la fusillade avec l'ennemi. Mais pour commencer vigoureusement l'attaque on attendit que le corps Mac-Mahon fut plus rapproché.

Le 2ᵉ grenadiers commandé par le colonel s'empara du pont de Buffalora secondé par quelques compagnies de zouaves. Le 3ᵉ grenadiers eut à emporter le Ponte-Nuovo ; le général Vimphem et le colonel Matman dirigent ce brave régiment. La redoute est défendue par des forces imposantes ; son importance est capitale ; elle domine tout le terrain. Les Autrichiens se défendent avec acharnement, mais ils sont repoussés, évacuent la position et se retirent par le pont ; ce fut le grenadier Albarède qui couronna le premier les parapets de la redoute, il fut tué quelques instants après.

Cependant l'ennemi après avoir repassé le pont s'apprêtait à le faire sauter ; un caporal de grenadiers tua le sous-officier ennemi qui mettait le feu à la mine ; le capitaine Blache enleva la mèche. Traits d'héroïsme accomplis sous un feu très-violent ; car nos adversaires occupaient la rive gauche du fleuve et les maisons qui bordaient le pont de ce côté.

La redoute enlevée, on s'y installa pour s'y maintenir. Dès lors le 3e grenadiers soutenu par les zouaves a une double tache à remplir : emporter le pont et garder la redoute.

L'ennemi venant d'Abbiate-Grasso, situé plus bas sur le Naviglio, essaie de nous enlever la redoute en lançant de fortes colonnes entre le canal et le Tessin. Il fallait repousser ces colonnes qui pouvaient nous emporter notre unique pont du Tessin ; il fallait aussi s'emparer des ponts du canal pour donner la main à Mac-Mahon quand il arriverait ; (il avait traversé à quatre lieues de là les deux cours d'eau).

Le 3e bataillon du 3e grenadiers et les zouaves enlèvent le Ponte-Nuovo avec énergie, et en dégagent les abords ; puis, protégés par quatre pièces d'artillerie du capitaine Lajaille, ils poussent en avant.

Le capitaine Cassaignolles avec cent cinquante chasseurs à cheval appuie vigoureusement le mouvement et s'enfonce avec une bouillante valeur au milieu des masses autrichiennes.

Le colonel Guignard des zouaves et le lieutenant-colonel Tryon des grenadiers faisaient d'héroïques efforts pour gagner du terrain ; mais des forces imposantes les écrasaient.

Trois fois l'escadron de chasseurs s'était lancé à fond de train ; il ne réussissait pas à dégager l'infanterie quand survint le colonel de Bretteville du 1er grenadiers avec Clerc (le général de la première brigade). Ce renfort nous aida d'un choc si puissant, que l'on reprit l'offensive.

Mais en arrière du pont le 3e grenadiers, pendant que son 3e bataillon se battait en avant, sur l'autre rivé, luttait lui dans la redoute, contre des colonnes formidables, qui s'étendant du Naviglio au Tessin cherchaient à emporter le retranchement que nous avions pris et que nous devions défendre à outrance, car une fois ce point perdu, la retraite était coupée aux troupes engagées au delà du canal.

Heureusement la brigade Picard, division Renault corps Canrobert, est accourue renversant tout ce qui entravait sa marche sur les routes ; elle passe le Tessin, et se range aux abords de la redoute.

Le 23e de ligne (1er bataillon et 3e) colonel Auzoni s'élance sur le Ponte-Nuovo, appuie à droite la garde engagée et protége son flanc contre des forces qui montent de Ponte-Vecchio, par la gauche.

Nous voilà donc établis sur les deux rives.

Grenadiers, zouaves et 23e cherchent à conserver celle de gauche en couvrant le Ponte-Nuovo.

Le général Picard repousse sur la rive droite les Autrichiens, et descend vers Ponte-Vecchio avec le

8ᵉ bataillon de chasseurs et le 2ᵉ bataillon du 23ᵉ de ligne ; quelques compagnies de la garde sont dans la redoute.

Alors une lutte impossible qui dure deux heures s'engage sur ce point.

Le général Picard avec ses deux bataillons en deux colonnes repousse un corps d'armée entier qui s'acharnait à revenir sur le retranchement.

Le général cherche à occuper Ponte-Vecchio ou du moins la partie du village qui se trouve de son côté, car le pont qui traverse le canal et unit les deux parties de maisons est rompu. Sept fois ce point est pris et perdu ; la mêlée est effrayante, la lutte a lieu entre plusieurs divisions ennemies et la poignée de héros du général Picard qui fut sublime d'entêtement.

Il y eut un moment désespéré sur toute la ligne ; Mac-Mahon n'arrivait pas.

Sur la rive gauche, la garde écrasée était repoussée ; elle perdait un canon dans sa retraite. Ramenée haletante, mutilée, broyée au Ponte-Nuovo, elle s'adossa aux maisons, les hommes tombant un à un ; à Buffalora, au pont supérieur, les grenadiers du 2ᵉ succombaient aussi ; sur la rive droite, le général Picard était comme. noyé au milieu des flots envahissants qui le débordaient de toutes parts ; ce fut une heure de terrible angoisse ; mais cette armée française qu'on disait sujette aux paniques fut inébranlable ; pas un homme ne faiblit ; et quand les renforts arrivèrent, ils trouvèrent les débris des bataillons debout au milieu du carnage. Chacun attendant le moment où il se coucherait pour mourir.

Alors paraît le 90ᵉ de ligne qui se jette au secours du général Picard et hache l'ennemi à la baïonnette ; l'élan est redonné sur ce point ; on réoccupe Ponte-Vecchio.

La garde avait repassé Ponte-Nuovo, ne s'ap-

puyant plus que sur la redoute. La division Vinay
(4ᵉ corps) débouche enfin sur ce point et se rend
maîtresse du passage.

Survient encore la brigade Jeannin 3ᵉ corps qui
passe aussi le pont.

Les têtes de colonnes de Mac-Mahon apparaissent
enfin.

Alors une offensive vigoureuse se dessine sur
toute la ligne.

Le général de division Vinoy marche avec sa colonne sur Ponte-Vecchio ; le général Renault l'appuie
bientôt avec sa brigade Jeannin ; le maréchal Canrobert marche sur Ponte-Vecchio par la rive droite
avec la brigade Picard et y balaie l'ennemi. Celui-ci
engage en vain des deux côtés ses dernières réserves ; après des combats furieux il est repoussé
définitivement et l'on jette un pont qui réunit les
deux parties du village.

Là se signala un maréchal-des-logis d'artillerie nommé Tricoche qui établit la première planche.

La garde a poussé en avant de Buffalora et de Ponte-Nuovo ; elle se relie peu à peu au 2ᵉ corps qui marche sur Magenta.

Au dernier moment, pour masquer sa retraite, l'ennemi donna un dernier et *furieux coup de collier* (comme disent les soldats ; il fit charges de cavalerie sur charges de cavalerie contre nos troupes, puis l'infanterie marcha à l'arme blanche.

Mais la division Trochu arrivant, fit cesser le combat et rejeta au loin sur Abbiate-Grasso les assaillants qui ne reparurent plus.

Jusqu'au dernier moment, nous laisserons la garde et les deux divisions d'infanterie (3ᵉ et 4ᵉ corps) en présence de l'ennemi qu'elles maintiennent, pour décrire la marche du 2ᵉ corps.

Il y eut deux batailles à Magenta.

Nous avons dépeint la première ; mais avant de passer à la seconde nous relaterons certaines anecdotes.

Lorsque les renforts tardaient, un aide-de-camp fut dépêché dans toutes les directions pour tâcher de réunir quelques troupes parmi les non-combattants ordinaires qui suivent une armée.

L'aide-de-camp rassembla les commis, les comptables, les muletiers et les bouchers, et il les conduisit sur le champ de bataille.

Un boucher se signala par un acte d'une grande énergie : il n'avait pour arme qu'un mousqueton sans baïonnette ; les Autrichiens chargèrent, et le boucher, au milieu de la mêlée, dut se servir de son mousqueton comme d'une massue.

Au troisième homme qu'il assomma, la crosse se brisa ; le boucher prit son couteau à sa ceinture et se rua sur l'ennemi avec une telle fougue qu'il fit une large trouée devant lui. Mais les rangs se refermèrent, et un cercle de fer entoura ce brave soldat, qui tomba percé de coups de baïonnette.

Tous ces soldats non destinés à la lutte firent merveille.

Nous n'avons pas donné sur la prise d'une de nos pièces tous les détails que nous connaissions pour ne pas surcharger le récit ; ayant esquissé l'ensemble de la lutte, nous revenons sur cet incident qui met en relief la position dangereuse où se trouve souvent l'artillerie.

Les artilleurs ont une intrépidité froide qui résulte de leur éducation militaire et du rôle qu'ils jouent dans les batailles ; il faut qu'ils reçoivent la mort sur place avec calme.

Si l'on songe que les artilleurs des deux armées se canonnent mutuellement, au début d'une bataille, jusqu'à ce que le feu de l'une ou l'autre artillerie soit éteint, on se figurera facilement la dangereuse situation où se trouvent les servants de pièces. Les boulets tombent autour d'eux comme la grêle, cassant les affûts, brisant les roues, faisant sauter les caissons, broyant les hommes contre les canons ou les coupant en deux. Au milieu de ces projectiles, les canonniers conservent leur flegme et chargent, visent et rechargent, toujours impassibles, remplaçant les pièces brisées. Un artilleur tient à sa pièce plus qu'à la vie ; il ne l'abandonne jamais. Et pourtant, il y a des moments terribles pour lui dans une bataille.

Quand une colonne monte à l'assaut d'un mamelon et qu'elle avance, avance toujours sur les canons qui crachent la mitraille, il faut un héroïque sang-froid pour continuer le feu en face de ces milliers de baïonnettes qui étincellent au soleil et menacent de vous clouer bientôt sur les affûts.

Jamais la bravoure et l'affection des artilleurs pour leurs canons ne furent mieux prouvées qu'à Magenta. Quatre pièces de l'artillerie de la garde étaient en batterie en avant du Ponte-Nuovo (pont nouveau). Les zouaves et le 1er grenadiers de la garde, qui venaient de repousser une colonne de dix mille hommes, se virent obligés de reculer vers le pont sous l'effort d'une réserve écrasante.

Ils reculèrent peu à peu vers le pont.

Les quatre pièces d'artillerie tiraient toujours sur des masses ennemies sans s'apercevoir que des nuées de tirailleurs autrichiens, se glissant à travers les arbres, parvenaient à cent pas des canons.

Ces tirailleurs, se voyant si près, se ruèrent tout à coup sur la batterie. Deux pièces leur envoyèrent, à vingt pas, une volée de mitraille qui fit un horrible carnage; les servants attelèrent aussitôt, et sauvèrent leurs canons. Une troisième pièce tira deux coups de mitraille, le dernier à bout portant ; elle était prise, mais, par un prodigieux effort des servants, elle fut dégagée. La quatrième avait toute retraite coupée ; ses artilleurs ne cherchèrent pas à fuir, ce qui était impossible; ils pointèrent au plus épais des groupes et tirèrent jusqu'au moment où l'ennemi fut sur eux. Trois servants occupés à la manœuvre n'eurent pas le temps de mettre sabre à la main et furent pris. Un adjudant et les autres artilleurs parvinrent à dégaîner et firent une résistance acharnée. Ils tombèrent après quelques minutes d'une lutte désespérée; le dernier artilleur survivant parvint à élargir le cercle qui l'environnait; il se retourna, passa ses deux bras autour de son canon, colla ses lèvres sur le bronze, et il attendit la mort ainsi. Il reçut huit ou dix coups de baïonnette...

M. Bellangé a représenté cet épisode d'une façon saisissante dans une toile que nous n'avons point à juger au point de vue de l'art, mais qui nous a frappé par un cachet de vérité bien rare dans les tableaux de bataille, dont quelques-uns sont ridiculement faux.

On nous pardonnera sans doute d'avoir signalé dans nos souvenirs de la campagne d'Italie le tableau qui a donné l'idée la plus vraie d'un combat.

Tout soldat qui passera devant cette toile y reconnaîtra de vrais sabres, de vrais canons; de vrais soldats qui se battent sérieusement sans s'inquiéter de l'amateur ; des morts qui ne font pas semblant de l'être ; des blessés qui n'ont pas été frappés avec les baïonnettes en carton du cirque ; des hommes qui courent pour faire du chemin et pas pour en avoir l'air ; des officiers qui crient : « En avant ! » pour leurs soldats et pas pour MM. les spectateurs.

Un sapeur qui examinait cette toile résuma devant nous son opinion dans les termes suivants : — Pour sûr que celui qu'il a fait cette peinture n'est point z'un simple pékin !

Cette pièce fut la seule dont les Autrichiens s'emparèrent dans cette campagne.

Ils la promenèrent triomphalement en Lombardie et en Allemagne ; ils lui faisaient traverser les villes avec un petit cortége de trente prisonniers français. Comme ils n'en possédaient qu'une trentaine, ils en prenaient le plus grand soin... dans la crainte de les perdre.

Quand ils devaient faire leur entrée dans une cité, on l'annonçait avec des affiches, comme s'il se fût agi d'une représentation extraordinaire ; on fixait le cérémonial de la solennité, le parcours, les stations ; on disposait harmonieusement les prisonniers pour former un joli coup d'œil ; les artilleurs à leur pièce, deux zouaves à l'avant-garde, trois grenadiers à l'arrière-garde, l'infanterie au centre.

A leur grand désespoir, les Autrichiens n'avaient pris qu'un chasseur d'Afrique, mais il était superbe. Il avait une barbe noire et une stature de géant; de plus, il était blessé au bras, ce dont les Autrichiens paraissaient très-fiers. Quand son bras fut guéri, ils le forcèrent de le porter en écharpe ; l'ordonnateur des cérémonies trouvait que ce détail faisait un effet trop pittoresque pour le supprimer. Le peuple criait hourra ! sur le passage des Français et les comblait de présents.

Il ne pouvait contenir son enthousiasme à la vue d'aussi beaux prisonniers. Ces bons Allemands sont naïfs.

Nous avons omis à dessein la mort du général Clerc. Il tomba au moment où les canons furent menacés.

Le général Clerc était un des chefs les plus aimés de l'armée ; il fut surtout regretté au 2ᵉ de zouaves, dont il avait été colonel.

Il savait admirablement conduire son régiment, et fit merveille avec lui en Crimée ; il le sauva dans la nuit du 23 au 24 février.

Le pays a perdu dans le général Clerc un futur maréchal de France et le Bayard de sa jeune

2

armée; car le général Clerc était à la fois sans peur et sans reproche.

Les chances de la guerre sont bien bizarres, et la destinée des nations tient parfois à un fil. Certes, si jamais une armée a risqué d'être battue, ce fut la nôtre à Magenta; nous avions contre nous la dispersion des forces, le désavantage du terrain, l'infériorité numérique, et nous étions surpris.

Nous avons vaincu contre toutes les règles.

Eh bien! un jour plus tard, nous aurions eu toutes les probabilités de succès pour nous; le 3ᵉ, le 4ᵉ, le 1ᵉʳ corps et les Piémontais auraient pu entrer en ligne, et l'on peut juger de la déroute qu'auraient essuyée les Autrichiens...

Et même, si les bagages n'avaient pas arrêté les divisions du général Canrobert et les Piémontais, nous aurions eu cinquante mille hommes de plus à opposer à Giulay.

Le rapport officiel constate lui-même ce jeu du

hasard, qui a tant d'influence sur le succès d'une journée. Nos généraux se montrèrent grands tacticiens à Magenta comme à Montebello, et ils agirent d'après le même principe : *Attaquer l'ennemi même en se défendant*. Vingt fois au moins, nos soldats se ruèrent à l'arme blanche au milieu des masses autrichiennes et les firent reculer au moment où la position allait être enlevée.

# CHAPITRE III

## LE DEUXIÈME CORPS

Coupé en deux. — Comment on fit le renard. — Le 45⁰ à la Cascina — Les zouaves à la briqueterie. — L'assaut de Magenta. — Retraite de l'ennemi.

Le deuxième corps, formé de deux divisions, environ vingt mille hommes, était à quatre lieues de là, à Turbigo. Six mille voltigeurs de la garde l'appuyaient. Quand Mac-Mahon entendit le canon donnant contre la garde, il se porta en avant à son secours. Mais il se heurta contre des masses écrasantes.

La division Lamothe-Rouge marcha sur Buffalara et les Turcos s'en emparèrent. La division l'Es-

2.

pinasse marche sur Marcallo et s'en empare ; mais un vide existe entre les deux divisions.

Le général fait aussitôt prescrire aux troupes du général Espinasse d'occuper Marcallo (extrême gauche) et de s'entendre à leur droite ; aux troupes de Lamothe-Rouge d'abandonner Buffalara et de s'installer à Ruggione (devenu extrême droite) et de s'étendre à gauche pour se lier à l'autre division.

Le général Camou (garde voltigeurs) se porte comme réserve derrière cette ligne.

Cependant les Autrichiens lancent des colonnes qui coupent le 2ᵉ et s'installent dans le vide laissé entre ces deux parties.

Mais le 45ᵉ de ligne culbute une première colonne avec une grande valeur à Cascina Nova et fait 700 prisonniers ; le colonel Manuel et le général Polhès sont en tête de ce régiment.

La colonne ennemie repoussée se replie vers une

briqueterie ; mais là se trouve le 2e de zouaves dont le premier bataillon charge ces fuyards et les met en déroute.

Une seconde colonne revient à la charge et cherche à s'installer entre la briqueterie et la Casina Nova ; les deux derniers bataillons du 2e zouaves la bravent comme nous le raconterons plus amplement la refoulent sur le 45e qui achève ses débris et dès lors la ligne de bataille est constituée, les deux divisions se donnent la main.

Pendant ce temps, le 1er et le 2e étranger avaient des engagements sur la gauche du 2e zouaves formant ensemble la brigade Castagny ; la brigade Joult à l'extrême gauche tenait ferme à Marcallo.

Le 71e fournissait une charge impétueuse en avant de ce village contre une brigade ennemie ; il l'avait repoussée et revenait sur ses pas, quand il tomba sur les derrières d'une autre brigade qui

attaquait le 72ᵉ et le 11ᵉ bataillon dans Marcallo.
Cette brigade est dispersée.

Dès lors, de Ponte-Vecchio à Marcallo, sur deux
lieues d'étendue, la ligne de bataille fut constituée.
On se souvient des positions et des renforts surve-
nus (voir au précédent chapitre) ; voici la situation
de Mac-Mahon. La brigade Joult tient Marcallo et
la garde ; la brigade Castagny marche sur Magenta
l'abordant par sa droite qui est notre gauche à
nous ; la division Lamothe-Rouge attaque la
gauche de la ville ; au centre les voltigeurs de la
garde. L'assaut est donné. La brigade Joult dé-
tache au fort de l'action plusieurs bataillons au secours de la brigade Castagny qui emporte la position.

La brigade Martimprey de la division Vinay quitte
Buffalora et secourt Lamothe-Rouge qui pénètre
dans les rues.

La victoire est à nous; la déroute commence.

Alors l'ennemi défile en désordre sous les 40 canons de réserve du général Auger ; sous les batteries du général Savelinges de la Garde impériale
établie de Ponte-Nuorvo, à Ponte-Vecchio.

.

# CHAPITRE IV

## LE 2ᵉ ZOUAVES

Après avoir donné les grandes lignes de la bataille nous allons raconter anecdotiquement la marche du 2ᵉ zouaves, notre régiment.

Le 2ᵉ zouaves marchait sur Magenta sans se douter de la présence de l'ennemi; mis en belle humeur par un soleil resplendissant, les soldats chantaient gaiement ; la matinée était magnifique, le paysage

admirable, la brise caressante et parfumée. Nous
suivions un chemin creux ombragé par des mûriers qui, mariant leur feuillage à celui de la vigne,
formaient des dômes de verdure au-dessus de nos
têtes. Les fusils étaient négligemment jetés en travers sur les sacs, les cigarettes flambaient aux
lèvres des fumeurs ; à chaque instant on s'arrêtait
pour cueillir une fleur ou un fruit ; chacun de nous
pensait faire une charmante promenade.

Tout à coup, dans le lointain, sur notre droite, le
canon retentit. On écouta, mais l'écho redevint
silencieux... ce n'était qu'une fausse alerte, une
escarmouche insignifiante sans doute. On se remit
à chanter.

Un quart d'heure après, la cannonade recommença
un peu plus rapprochée ; les coups se succédaient
rapidement, un combat sérieux s'engageait ; l'émotion nous gagna. Nous étions sortis du chemin
creux ; du sommet d'un plateau, nous apercevions

dans la plaine des nuages de fumée qui se disper-
saient en flocons grisâtres, indice certain d'une
fusillade générale. Pour la quatrième fois on se
battait sans nous ; nous eûmes un moment de
cruel dépit ; on s'était arrêté et l'on regardait d'un
œil d'envie du côté de ce champ de bataille que
nous dérobaient des rangées de peupliers.

Soudain un coup de feu vibra à notre avant
garde ; le régiment tressaillit d'aise comme un
seul homme, sous une décharge d'électricité ; tous
les yeux regardaient en avant, toutes les oreilles se
dressèrent, toutes les poitrines palpitèrent de la
même émotion ; on attendit une seconde, deux
secondes, une minute, on retint son souffle pour
mieux écouter ; l'anxiété était générale. Enfin, le
roulement sourd et prolongé d'un peloton résonna
à quelques cents mètres de la colonne... Nos tirailleurs étaient aux prises avec l'ennemi.

Un hourra de joie retentit. C'était le salut de

3

bienvenue adressé par le régiment aux Autrichiens, qu'il allait voir pour la première fois.

La journée venait de commencer par une méprise de l'ennemi ; elle lui fut fatale. Comme nous l'avons dit dans un précédent article, le 2e zouaves, en marche sur la ville de Magenta, présentait un singulier aspect. Surpris par les appels du clairon au moment où ils lavaient leur linge, les soldats portaient leurs chemises mouillées étendues au soleil sur leurs sacs ; les tirailleurs, détachés en avant et séparés les uns des autres, venaient de faire une halte près d'une haie, quand ils aperçurent un escadron de uhlans qui s'avançaient en tirailleurs.

Les zouaves eurent aussitôt l'idée de leur jouer un tour de leur façon ; ils jetèrent leurs chemises sur la haie et s'embusquèrent derrière ; l'un deux ôta sa veste, son gilet, et, en deçà de la haie étira le linge d'un air paisible ; il ressemblait à un paysan qui, bras nus, surveillait la lessive de sa ménagère.

Les uhlans, sans défiance, s'avancèrent rapidement vers lui pour le questionner au sujet des Français.

Le faux paysan fit semblant de s'enfuir à leur approche ; l'escadron lui donna la chasse ; à quinze pas la compagnie embusquée tira, démontant une trentaine de cavaliers ; les uhlans s'enfuirent aussitôt pris d'une terreur panique.

A la suite de cette alerte, on envoya deux compagnies pour renforcer les tirailleurs, et chacun prit ses dispositions de combat ; l'on arma les carabines, on les flamba avec des capsules pour sécher le canon, on les chargea avec un soin minutieux ; pendant cinq minutes l'on entendit le bruit des baguettes de fer heurtant le plomb des balles ; le cliquetis des sabres baïonnettes sortant des fourreaux ; les interpellations qui se croisaient, les questions des soldats aux officiers, les conseils de ceux-ci, les avis des *anciens* aux *conscrits*. Chacun redressait sa moustache, donnait un pli plus *crâne* à sa calotte, et prenait une allure plus martiale pour *faire honneur à l'ennemi* (terme consacré).

Et puis on se mettait à l'aise ; les gilets s'entr'ouvraient pour laisser passage à l'air, les manches de la veste se retroussaient pour ne pas gêner le coup de baïonnette, et l'on s'assurait si les pointes des sabres n'étaient pas émoussées, auquel cas on les aiguisait, qui avec une petite lime, qui avec une pierre du chemin.

L'on arriva à un grand village, où l'on croyait trouver une sérieuse résistance. Il n'en fut rien ; l'on commençait à craindre que l'affaire se bornât à l'engagement qui avait eu lieu ; mais le canon de la garde impériale, qui grondait toujours, soutenait l'espoir du régiment. On passa devant l'église du village ; aussitôt une trentaine de zouaves, pour voir de plus loin, grimpèrent dans le clocher, qui était très-élevé ; ils parvinrent à une petite fenêtre, mais ils n'étaient pas encore assez haut pour dominer la contrée. L'un d'eux se pencha hors de la fenêtre, saisit la chaîne d'un paratonnerre, et, s'aidant de son mieux, se hissa jusqu'au sommet du toit aigu ; il se dressa le long de la pointe du paratonnerre et examina le pays.

Au bout d'un instant il lança sa calotte en l'air, en signe de contentement, et cria au régiment qu'il apercevait au moins une centaine de mille hommes. Son rapport fut accueilli avec enthousiasme et fut bientôt confirmé par l'événement. Le feu recommença tout à coup à l'avant-garde. Cette fois ce n'était plus une escarmouche, la bataille s'engageait ; les deux lignes d'infanterie en venaient aux mains.

A chaque instant, nos tirailleurs, qui débusquaient

ceux de l'ennemi poussaient des cris de triomphe.
Bientôt nous vîmes un premier Autrichien étendu
sur le sol, le front troué par une balle.

A mesure que l'on marchait, le sol était de plus
en plus jonché de pareils cadavres. Devant nous un
rideau de fumée, indiquant la ligne des tirailleurs,
reculait rapidement, l'ennemi perdait du terrain.
Mais ayant reçu du renfort, il reprit l'offensive
avec vigueur; le feu des nôtres cessa ; nous crûmes
un instant qu'ils s'étaient rendus après avoir été
cernés ; mais le clairon sonna, le cri de guerre
retentit, et nous comprîmes que nos tirailleurs char-
geaient à l'arme blanche.

En effet, quand nous fûmes à la hauteur où
l'engagement avait eu lieu, nous comptâmes une
centaine de Croates dont les poitrines étaient per-
cées de coups de sabres-baïonnettes.

Jusqu'alors, chose étrange, nous n'avions essuyé
aucune perte. Il y avait pourtant un blessé : c'était

un chien nommé Dellys, un vieux routier, qui depuis dix ans faisait campagne avec le régiment. Dellys n'était pas un caniche ordinaire : il avait su, par de nombreux exploits, s'attirer l'estime de tous les zouaves. En Algérie, il se rendait chaque nuit aux *grand'gardes* et signalait la présence des Arabes aux sentinelles ; une nuit, un factionnaire, attaqué par deux rôdeurs kabyles dut son salut à Dellys, qui étrangla bravement un des agresseurs. En Crimée, il fit prisonnier un capitaine d'état-major russe, qui, la nuit, venait espionner nos tranchées, déguisé en fantassin français ; Dellys le happa à la gorge après l'avoir reconnu au flair pour un ennemi.

Dellys, au lieu de suivre la colonne avec les autres chiens, en gambadant sur les flancs, se tenait fièrement en avant de la musique, à côté du caporal clairon ; aussitôt que la poudre *avait parlé*, il poussait un aboiement d'appel et toute la meute, fort nombreuse, du régiment, venait se ranger

autour de lui. Il la guidait au feu avec la science d'un
tacticien consommé ; rien n'était plus curieux que
de voir une centaine de chiens se ruer à sa suite sur
l'ennemi, en hurlant et l'aborder les crocs au vent.
De là prit naissance cette fable comique, qui circula
dans l'armée autrichienne et qui fut répétée par
des journaux allemands, que les zouaves se faisaient
précéder au feu par des bêtes féroces : la peur
avait transformé pour les Autrichiens les caniches
en chacals, en hyènes, en panthères, probablement
même... en lions.

Comme nous l'avons dit, Dellys fut blessé à Magenta, dès le début, dans les rangs des tirailleurs
c'était la troisième blessure qu'il recevait, et il savait ce qu'il y avait à faire en pareil cas.

On le vit donc se diriger vers les ambulances, où
il fut pansé par un docteur ; de l'ambulance il
s'achemina avec les convois d'évacuation vers l'hô-
pital de Novare, où il resta jusqu'à sa guérison ; il

était admiré de tout le monde pour la précision avec laquelle il venait faire renouveler son bandage tous les matins, tirant les docteurs par la basque de leur habit, quand par hasard ceux-ci faisaient mine de l'oublier.

Un beau matin il disparut; trois jours après, nous le voyions arriver à Castiglione et reprendre son rang dans le régiment; le lendemain, il était tué à Solférino. On le trouva étendu dans un fossé, et, chose singulière, une dizaine de chiens formaient un cercle grave et silencieux autour de lui.

Dellys fut enterré avec tous les honneurs de la guerre ; sa tombe se trouve au pied d'un mûrier, à deux pas de la *cascina* où l'on se battit si longtemps.

A la guerre, on ne voit pas souvent ce qui se passe à deux pas de soi ; pendant toute la lutte, la fumée nous indiqua la place de nos tirailleurs. Enfin ils furent forcés de s'arrêter ; les Autrichiens, selon la

3.

tactique allemande, avaient fait rentrer leurs éclaireurs dans les rangs et se présentaient en masses
compactes ; nous exécutâmes la manœuvre opposée
en renforçant encore par deux compagnies nos
tirailleurs, qui, bien espacés, bien embusqués, criblaient facilement les lignes épaisses de l'ennemi,
tout en restant presque insaisissables pour lui.

A notre droite se trouvait une briqueterie
contre laquelle nous vînmes nous appuyer ; une
charge générale était imminente. Beaucoup de
zouaves ramassèrent des briques pour aviver encore davantage la pointe de leurs baïonnettes.

Les nuées de tireurs détachés en avant faisaient
merveille ; peu à peu ils enveloppaient l'ennemi ;
déjà même ils avaient enlevé des prisonniers, entre
autres un commandant, qui cassa son épée plutôt
que de la rendre ; ce commandant fut placé au
milieu de nous et y resta. On se rapprocha de cent
mètres encore des ennemis, dont on distinguait les

uniformes blancs sous les mûriers. Ce commandant autrichien nous regardait faire avec une stupéfaction profonde. Il était facile d'évaluer à huit mille hommes la masse contre laquelle nous voulions nous heurter ; deux bataillons restaient en réserve, un seul allait se lancer (six cents hommes tout au plus) !

— Ils sont fous, — murmura le prisonnier.

— Pas tant que vous croyez, répondit un Alsacien.

Le bataillon se mit à ramper, puis soudain il se redressa, poussa le cri de guerre, d'un seul élan rompit le centre des Autrichiens, et, les isolant du reste de leur ligne, les ramena sur Magenta, où il les maintint jusqu'au soir.

Pendant toute la lutte, on n'eut pas de nouvelles de ce premier bataillon, que l'on retrouva plus tard bloquant les huit mille Autrichiens dans Magenta et rendant ainsi un éminent service à l'armée.

Le commandemen autrichien resté avec la réserve put voir ce qui se passait ; il était atterré et baissait la tête. Ce qui le surprenait le plus, c'était l'apparent désordre de nos compagnies ; avant la charge, on y parlait, on y fumait, on interpellait les officiers, qui répondaient familièrement ; un caporal passait son sac à tabac à un lieutenant pour faire une cigarette, un capitaine trinquait avec de simples soldats devant le tonnelet de la cantinière ; on discutait s'il faudrait se porter à gauche ou à droite, on cherchait à se rendre compte du point le plus entamé par les balles des tirailleurs : c'était la guerre des bons jours de la république, la guerre démocratiquement faite, où la discipline se bornait à guider l'élan sans le briser. Chez nos adversaires, c'était la guerre faite aristocratiquement, avec des hommes-machines, chez lesquels la discipline étouffait l'initiative. Là est une des principales causes de nos succès.

Le commandant autrichien le comprit, et il murmura avec découragement et en français :

— Vous êtes une armée d'officiers !...

Il avait bien raison, car il est bien peu de nos soldats qui ne puissent commander une compagnie.

Quelque temps après la charge du premier bataillon, l'on vit arriver cinq ou six Tyroliens, qu'un sergent portant l'uniforme autrichien poussait devant lui en les menaçant de la crosse de son fusil.

— Voici un cadeau que je vous fais, — dit-il en italien et le sourire aux lèvres.

C'était un Lombard qui désertait. Le régiment lui cria : Bravo ! car c'était un tout jeune homme imberbe, et ses prisonniers portaient tous de la barbe au menton.

Il demanda la permission de continuer à se battre avec nous, on la lui accorda ; quelques instant plus tard, il était blessé.

On le porta à l'ambulance, et là on reconnut avec surprise que le sergent lombard était une jeune fille.

Son frère étant parti pour se joindre aux volontaires garibaldiens, les autorités autrichiennes, lors de la levée, l'avaient réclamé pour en faire un soldat ; dans le cas où elles auraient appris qu'il s'était enfui, tous les biens de sa famille eussent été confisqués.

Sa sœur s'était présentée à sa place...

Pendant que le 1er bataillon poussait les Autrichiens devant lui, le reste du 2e zouaves attendait le moment d'agir.

Sur sa droite, les canons de la brigade criblaient les masses ennemies ; deux divisions autrichiennes, cachées par les mûriers et les vignes, parvinrent à tourner les batteries sans être aperçues, et tout-à-coup dix mille soldats se ruèrent sur les pièces en criant : Victoire ! Singulier champ de bataille que celui où tout un corps d'armée peut manœuvrer à cent pas de ses adversaires sans qu'on se doute de sa présence.

Nous entendîmes les clameurs des Autrichiens, et en même temps nous vîmes arriver un officier d'artillerie qui nous appelait aux canons en brandissant son sabre.

Aussitôt les deux bataillons se jetèrent d'un accord spontané sur le flanc de l'ennemi pour lui couper la retraite; ces quinze cents hommes ayant la prétention d'en cerner dix mille eussent certainement paru ridicules à un général allemand. Ils joignirent les Autrichiens au moment où un officier touchait déjà de son épée un des canons, tandis qu'un Tyrolien se juchait à cheval sur un autre; toute la batterie était enveloppée par des masses compactes. Il y eut parmi les zouaves un instant de stupeur qui les arrêta net; pendant quelques secondes ils parurent cloués au sol... les yeux

étaient rivés sur les canons et ne pouvaient plus
s'en détacher; alors se produisit le phénomène
magnétique qui, dans les circonstances périlleuses,
critiques, fait opérer des prodiges à notre armée ; il
.y eut d'un bout à l'autre du régiment une commo-
tion qui réunit en un seul faisceau toutes les forces
individuelles.

.Un sourd murmure gronda. Les Autrichiens se retournèrent de notre côté ; ils furent frappés de notre
aspect, comme si quinze cents têtes de Méduse leur
fussent apparues.

Le régiment, qui ne formait qu'une unité en ce
moment, se repliait sur lui-même ; chaque soldat
se *ramassait sur ses jarrets* comme un lion prêt à
bondir; un clairon sonna la charge, et le cri de
guerre éclata en une formidable explosion qui suffit seule à faire reculer l'ennemi. Les zouaves vinrent tomber sur lui avec un élan prodigieux.

Il n'y eut pas l'ombre de résistance.

Les rangs se renversèrent les uns sur les autres, comme ceux de ces soldats en fer-blanc qu'aligne un enfant et que par caprice il jette à bas ; une, deux, trois, quatre brigades furent.ainsi traversées d'outre en outre, et quand le régiment se retourna pour en achever les tronçons, toutes les crosses de fusils étaient en l'air... l'ennemi demandait merci ou s'enfuyait à toutes jambes.

On rassembla deux mille prisonniers que l'on conduisit à la briqueterie ; et non-seulement toutes les pièces de canons furent reprises, mais les Autrichiens perdirent les leurs, un drapeau et la hampe d'un autre.

Le gouvernement autrichien tenait beaucoup à s'emparer d'une pièce rayée, car ce n'était qu'après de longues .études et des expériences très-nombreuses que notre artillerie était parvenue à trouver le type-modèle du canon rayé ; le secret des proportions était gardé scrupuleusement ; à l'étranger, on ne pouvait, faute de ce modèle, munir les armées de canons aussi parfaits que les nôtres ; aussi une prime énorme fut-elle offerte dès le début de la campagne, par le ministère de Vienne, à qui s'emparerait d'une pièce française.

Le corps d'armée qui avait voulu prendre notre artillerie étant anéanti, les deux bataillons de zouaves marchèrent sur Magenta, laissant les prisonniers à la garde d'une soixantaine de blessés français.

Ces prisonniers, au nombre de quinze cents, se trouvaient entassés dans un grand trou d'où l'on avait tiré de la terre glaise pour la fabrication des briques ; là les soldats de nationalités diverses commencèrent à se quereller. Allemands, Croates, Tyroliens, Moraves, Hongrois, Galliciens, Lombards et Slaves se jetaient à la tête, chacun dans son dialecte, les injures les plus grossières. Nos blessés de de garde purent, à ce qu'on nous affirme positivement, se faire une idée de la confusion des langues que Dieu mit parmi les hommes quand ceux-ci, excellents maçons, à ce qu'il paraît, furent sur le point d'atteindre le ciel en bâtissant la tour de Babel.

Le voisinage de la briqueterie rendait encore l'illusion plus complète, en même temps que ses matériaux fournissaient des arguments à la discussion ; car des injures les Autrichiens passèrent aux coups, et s'assommèrent réciproquement à coups de briques.

Quelques blessés seulement gardaient ces quinze cents hommes, qui s'entre-tuaient ainsi au lieu d'essayer de fuir après avoir culbuté les sentinelles.

Enfin l'affaire prit des proportions si graves que les zouaves durent intervenir.

L'un d'eux descendit tranquillement dans le trou, profond d'un mètre à peine ; il avait à la main une baguette de fusil, avec laquelle il frappa à tort et à travers les combattants aux prises, accompagnant les coups de jurons énergiques. Cette baguette fut d'un effet aussi magique que celle de sir Crokett dans la cage des lions ; les prisonniers se retirèrent aussitôt dans les différents coins de la fosse, non toutefois sans se menacer du poing.

Cela fait, le zouave, reconnaissant les nationalités à l'uniforme, plaça les Tyroliens d'un côté, les Croates de l'autre, etc. etc. ; il traça à chaque groupe, avec sa baguette de fusil, une ligne sur le sol, et fit signe qu'il était défendu de passer outre ; après quoi il remonta, s'assit au bord du trou, et se mit à fumer sa pipe tranquillement, se contentant de rouler des yeux menaçants quand par hazard un Croate entêté s'avisait de mettre un pied hors de *son carré.*

Un peu plus tard on amena prisonnier un officier supérieur qui parlait français.

— Ah ! monsieur, — lui dit le zouave, — vous arrivez fort à propos pour me relever de ma faction ;

vos hommes sont enragés ; surveillez-les un peu
pendant que je vais me faire panser ici près, à l'ambulance. S'ils ne sont pas sages, vous m'appellerez.

Et le zouave s'en alla confier son bras gauche
au chirurgien. Quand l'opération fut finie, le zouave
revint voir si les prisonniers étaient tranquilles, et
il s'aperçut avec satisfaction que l'officier autrichien faisait exécuter consciencieusement la consigne.

Pendant ce temps, le régiment rejoignait son premier bataillon, qu'il trouva près de Magenta, d'où
les Autrichiens essayaient en vain de sortir afin de
reprendre l'offensive. L'arrivée du régiment fut le
signal d'une attaque générale à laquelle prirent
part toutes les forces présentes sur le champ de bataille.

L'assaut offrait des difficultés extrêmes ; l'ennemi
était retranché dans les maisons, qui furent enlevées une à une.

Un grand corps de bâtiment, qui formait l'angle d'une rue et commandait au débouché d'une place, nous arrêta longtemps. Six cents hommes y étaient embusqués ; des fenêtres par où ils tiraient, ils enfilaient une rue large, droite et longue ; pendant un grand quart d'heure nous essayâmes, mais en vain, d'éteindre le feu des tirailleurs ennemis. Le colonel Tixier, qui s'impatientait, tira de sa poche un mouchoir blanc, et, au galop de son cheval, se précipita vers le bâtiment sous une grêle de balles, car l'ennemi continua à tirer. Arrivé à la porte principale, le colonel demanda à parler à l'officier qui commandait, ce dernier était son égal en grade.

— Monsieur, — lui dit notre colonel, — si dans dix minutes vous ne vous êtes pas rendus, mon régiment donnera l'assaut et vous serez passés au fil de l'épée. Réfléchissez !

Et le colonel s'en retourna, comptant les minutes

sur sa montre; le délai écoulé, il lança le régiment. Les zouaves, ne pouvant y entrer par la porte solidement barricadée, pénétrèrent par le toit. Bientôt on vit pleuvoir des hommes dans les rues; c'étaient les Autrichiens qu'on lançait par les fenêtres.

Ce côté de la ville était en notre pouvoir; les habitants, cachés dans les caves, se montrèrent en poussant des vivats bruyants: ils étaient comme fous de joie.

Bientôt l'autre partie de Magenta fut prise, et les bataillons ennemis, qui la défendaient, durent défiler sur la place, dont toute une face était occupée par nos tireurs.

Les Italiens avaient ramassé des fusils et s'étaient joints à nous; ils s'en donnaient à cœur joie.

Les femmes montraient encore plus d'acharnement que les hommes. Peu galants de leur nature, les Autrichiens n'avaient pas su se concilier le *beau sesque,* selon la réflexion judicieuse d'un troubadour français.

Nous vîmes une trentaine de jeunes filles, dont quelques-unes n'avaient pas dix ans (un pensionnat sans doute), se précipiter aux fenêtres d'une maison de belle apparence et prendre part à la lutte, en accablant les fuyards de projectiles de toutes sortes, entre autres de paquets de livres, de poteries et d'ustensiles de cuisine. Ceux d'entre nous qui virent cette scène burlesque ne se sentaient plus la force de tirer. On pouvait leur appliquer littéralement le dicton : « J'ai ri, je suis désarmé. »

Ce dernier épisode termina la prise de Magenta: grand drame militaire qui, on le voit, eut ses petites scènes comiques...

Le régiment occupa la ville pendant quelques heures ; le premier soin du soldat qui s'est battu est de se rafraîchir ; une escouade de zouaves, établie dans une maison, courut à la cave. En y arri-

.vant, elle trouva le propriétaire de la maison et son épouse, blottis tous deux derrière une futaille.

On les ramena à l'étage supérieur, et au grand jour la femme reconnut les uniformes français.

— Ah ! ah ! — s'écria-t-elle triomphante, — les Autrichiens sont donc battus ?

— Oui, — répondit-on.

— Tant mieux ! — reprit-elle.

Et elle s'arma d'un manche à balai qu'elle trouva sous sa main.

Nous la regardions faire, étonnés.

Elle se mit à frapper son mari à tour de bras en l'accablant de reproches

— Mais qu'a-t-il donc fait ? — demandâmes-nous.

— Il a souhaité la victoire à l'Autriche, — répondit sa moitié, — c'est un mauvais patriote.

Nous l'abandonnâmes à sa farouche compagne, fort édifiés de voir que les Italiennes n'avaient point perdu les traditions des matrones romaines.

4

# CHAPITRE V

## LE LENDEMAIN

Aspect du champ de bataille. — Les morts couchés. — Atroces blessures. — Un vieux brave. — Un conscrit tué. — Un voleur — Chapardeurs. — La viande de cheval. — Cruauté des Croates. — Les prisonniers dans la marmite. — Les enterrements. — Organisation de l'armée autrichienne. — Un convoi de blessés. — Un joli mariage. — Triste mort. — Manitou et Sapajou.

Le 2ᵉ zouaves occupa Magenta pendant quelque temps, ce qui nous permit de visiter le champ de bataille. Il présentait un aspect fort lugubre. Le sol était jonché de morts sur une étendue de plusieurs lieues : les Autrichiens tués presque tous à coups de baïonnette, n'étaient pas défigurés : mais les

Français, atteints par les balles et les boulets, avaient reçu pour la plupart d'affreuses blessures.

Tous nos soldats ont remarqué que, parmi les morts étendus sur la terre, les grenadiers semblaient avoir un pied de plus que de leur vivant. Déjà Henri III, voyant le duc de Guise assassiné, s'était écrié : « Maintenant qu'il est couché, il me paraît plus grand que quand il était debout. » On sait que le *Balafré* passait pour le plus bel homme de son temps.

En revanche, on se figure voir les voltigeurs plus petits qu'ils ne le sont réellement.

Les endroits où les mêlées avaient eu lieu attiraient de loin les regards, car les corps y étaient littéralement amoncelés. Atteints dans leur fuite, les Autrichiens étaient en général couchés sur le ventre. Comme ils avaient le sac au dos pendant le combat, nous pûmes nous assurer de la force étonnante avec laquelle les zouaves lancent leur baïonnette, contre laquelle le sac, rempli d'effets, avait été un bouclier insuffisant. Nous avons même constaté qu'une baïonnette avait traversé un sac, deux chemises, l'épaisse semelle d'un soulier et la poitrine d'un pauvre diable de Tyrolien, qu'elle avait cloué contre un mur.

Çà et là l'attitude de certains morts produisait une impression pénible ; on reconnaissait qu'ils s'étaient débattus avec une énergie furieuse contre la mort : leurs mains en se crispant avaient arraché l'herbe dans les champs ou les pierres sur les chemins, et nous reconnûmes que les vieux chroniqueurs ne faisaient point une métaphore en disant d'un guerrier mourant qu'il *mordait* la poussière.

Les boulets surtout causent des ravages affreux. Souvent nous avons compté jusqu'à cinq individus atteints par un seul de ces projectiles, et tous les cinq coupés en deux.

Eh bien ! ce qui nous mit le plus de tristesse dans

4.

l'âme, ce ne fut pas encore cela : ce fut la vue d'un tout jeune Allemand, presque un enfant, qui avait rendu le dernier soupir. Il était appuyé au tronc d'un gros arbre, dont le feuillage ombrageait sa tête pâle, penchée gracieusement sur sa poitrine, comme s'il eût dormi.

En passant, nous y fûmes trompés, car espérant qu'il n'était que blessé et assoupi, nons essayâmes de le ranimer; mais ce fut en vain. Il tenait entre ses doigts une boucle de cheveux blancs (ceux de sa mère peut-être) qui faisait contraste avec sa chevelure blonde; sur ses joues, à travers une couche épaisse de poussière, les sillons de ses larmes étaient tracés... Disons, à l'honneur des zouaves, que ce pauvre enfant avait été frappé par une balle; personne n'aurait voulu lui donner un coup de baïonnette.

Un peu plus loin, nous trouvâmes le corps d'un de nos vieux camarades, le plus ancien zouave du régiment; il avait dépassé depuis longtemps le maximum de campagnes, mais il avait voulu malgré cela prendre part à la guerre d'Italie; il avait répondu à son capitaine, qui s'opposait à son embarquement:

— Voilà vingt ans que je me bats dans les rangs des zouaves, et je veux être tué près de mon drapeau: mon temps est venu, la première bataille sera la dernière pour moi; de cette façon, je serai sûr de ne pas mourir dans mon lit, ce qui est bête!

En effet, à Magenta, le vétéran s'exposa tant qu'il reçut une des premières balles qui furent tirées; il se sentit blessé à mort, et il se fit placer sur un petit tertre où l'ambulance était établie, et d'où l'on apercevait le clocher de Magenta qu'il ne quitta plus des yeux. Un docteur voulut le panser; mais il s'y opposa en disant:

— Tout est inutile: je suis trop bien *touché* pour

en revenir; je *soufflerai ma chandelle* quand mon drapeau flottera sur le clocher de Magenta.

Deux heures après, le vieux soldat lançait sa calotte en l'air et poussait un hourrah triomphant. Les infirmiers de l'ambulance se retournèrent; ils aperçurent l'étendard tricolore qui flottait sur la ville, annonçant la victoire... ils se penchèrent ensuite vers le vétéran, mais il avait cessé de vivre. L'ambulance ayant été transportée plus loin, nous retrouvâmes notre vieux camarade, les yeux ouverts et fixes dans la direction du clocher; sa figure immobile avait une radieuse expression.

Les Autrichiens, en fuyant, avaient jeté leurs armes; on ramassa plus de vingt mille fusils sur le champ de bataille. Ces fusils ont plusieurs avantages sur les nôtres; ils sont plus maniables, plus *à la main.* Les carabines de précision des Tyroliens l'emportent sur les carabines Minié de nos chasseurs, en ce que le diamètre du canon est plus petit; les balles étant d'un calibre très-léger portent plus juste et plus loin que les nôtres. Les zouaves, qui aiment beaucoup à chasser dans leurs campements d'Afrique, se munirent de mousquetons de cavalerie pour les transformer plus tard en fusils de chasse.

Outre leurs armes, les Autrichiens avaient aussi abandonné leurs sacs qui devinrent le butin légitime des vainqueurs; ces sacs étaient bien garnis de linge et d'objets précieux enlevés aux habitants. Nous eûmes là les preuves irrécusables des déprédations commises par l'ennemi; les Croates surtout avaient fait main basse sur ce qui leur convenait; leurs bagages étaient bourrés de chemises de batiste, de bijoux, de florins même, qui n'avaient pu trouver place dans leurs bourses. Cela n'est plus de la maraude. Nos soldats, quand ils ont faim, prendront une poule, et encore si le propriétaire s'en plaint aux officiers il est toujours payé. Mais en de-

hors des vivres qui peuvent bonifier l'ordinaire,
ils se croiraient déshonorés s'ils dérobaient quelque
chose.

Voici un exemple de l'esprit qui anime la majo-
rité, pour ne pas dire l'universalité de nos soldats.
Un jour, un zouave, un conscrit crut faire un bel
exploit en s'emparant d'une paire de draps; on sut
cela dans son escouade. Le plus anci n de ses camarades emprunta le cheval d'un cantinier, prit les
draps et les remit à leur propriétaire qui demeurait
à l'étape précédente.

L'escouade, après avoir gourmandé vertement
le coupable, lui imposa la sévère punition d'être
cuisinier les jours de grand'gardes, ce qui l'excluait
des postes d'honneur.

Manquant de paille au bivouac, par un temps plu-
vieux, les zouaves ne se gêneront pas pour en al-
ler demander aux riches fermiers, voisins de leur
camp; si on refuse, il est possible qu'ils se fâchent,

car il est dur de recevoir pendant toute une nuit l'eau qui coule sous la petite tente.

Les mêmes *chapardeurs* (maraudeurs), logés le lendemain chez un pauvre métayer, partageront sans façon leur soupe avec sa famille.

Dans le courant de la campagne, un peu avant la bataille de Magenta, les zouaves du 2ᵉ furent mis à l'ordre du jour par leur général pour leur conduite exemplaire à l'égard de leurs hôtes.

La cavalerie ayant donné à plusieurs reprises, bon nombre de chevaux avaient été tués et blessés; la viande de boucherie manquant, les soldats remplirent leurs marmites avec de la chair de cheval qui fait d'excellent bouillon, mais qui est encore préférable en rôti, à notre avis du moins. Les chevaux blessés erraient à l'aventure au milieu de la campagne ; ils arrachaient les touffes d'herbes qu'ils rencontraient, et, de temps à autre, ils s'arrêtaient pour flairer les morts. Ces chevaux sans cavalier, abandonnés sur le champ de bataille, contribuaient à l'attrister; nous en vîmes plusieurs qui se tenaient auprès de leurs maîtres, endormis pour toujours, et qu'ils ne voulaient point quitter. L'un d'eux fut emmené par un officier, qui ne le conserva pas longtemps, car le pauvre animal mourut de chagrin un mois plus tard. En nous promenant sur le champ de bataille, nous recueillîmes plusieurs anecdotes sur le combat de la veille. Un caporal, blessé, nous raconta qu'il s'était égaré au début de l'affaire, avec son escouade, qui poursuivait une trentaine de Tyroliens.

En revenant vers le bataillon, cette escouade s'aperçut qu'elle en était séparée par quinze ou vingt mille Autrichiens; c'étaient ceux qui cherchaient à s'emparer de nos canons, comme nous l'avons raconté précédemment. Nos pièces tiraient à mitraille, et l'escouade, pour éviter leur décharge, se mit à plat ventre dans un fossé; mais bientôt des hourrahs retentirent, et l'escouade s'aperçut que les Autrichiens venaient sur elle, vivement chassés par deux bataillons. Aussitôt les zouaves, au nombre de dix environ, sortirent du fossé et se formèrent en un triangle dont le caporal occupait le sommet. Le flot des fuyards se partagea en deux sur ce petit groupe d'hommes qui, à coups de baïonnette, les rejetaient à droite et à gauche. La terreur des ennemis était telle que pas un seul d'entre eux ne songea à décharger son arme sur ces intrépides soldats. Le défilé dura au moins cinq minutes. Le caporal ne fut blessé qu'un peu plus tard.

Dans le fossé où cette brave escouade s'était un instant embusquée, un Croate se rendit coupable d'une odieuse perfidie. Des zouaves l'avaient trouvé blessé, et après lui avoir donné à boire, ils s'éloignaient, quand ils entendirent un coup de feu résonner derrière eux et une balle siffler à leurs

oreilles : le Croate avait fait feu sur ceux qui venaient de le secourir ; se sentant mourir, il avait
voulu tuer encore un Français.

Quelques autres Croates montrèrent un acharnement féroce, et quoique blessés, sans tenir compte
de la pitié qu'on leur témoignait, ils égorgeaient
nos hommes par trahison ; un brave officier et plusieurs soldats furent victimes de leur générosité à
leur égard. On agita la question de savoir si on leur
ferait quartier. Si, après Solférino, les mêmes faits
se fussent renouvelés, les représailles eussent risqué de passer pour légitimes. Il est juste de dire
que ces quelques coupables étaient surtout des officiers, qui faisaient à leurs soldats les contes les
plus absurdes sur l'armée d'Afrique. Ils leur avaient
affirmé que les zouaves et les turcos mangeaient
leurs prisonniers ! Ayant trouvé un gros Allemand
de la ligne couché sur le dos et la tête cachée entre
deux pierres, comme eût fait une autruche effrayée

nous emmenâmes au camp ce poltron, après avoir reconnu qu'il n'avait pas de blessure. Notre prisonnier était un paysan à la mine stupide, à l'œil effaré ; il était blême de terreur, et il tremblait de tous ses membres. Nous le fîmes asseoir près de notre marmite en attendant le déjeûner ; nous pensions bien que le malheureux avait faim : il faisait pitié. Le cuisinier, un vétéran à la figure rébarbative, activa la flamme, puis il alla chercher un couteau pour tailler la soupe.

Quand l'Allemand le vit revenir ainsi armé, il se leva et parut en proie à une frayeur indicible ; il se mit à tourner autour de la marmite, afin qu'elle fût entre lui et le cuisinier. Nous ne savions à quoi attribuer cet effroi : le gros Allemand ne quittait pas le couteau des yeux. On le fit se rasseoir à grand'peine ; il avait des soubresauts chaque fois que le cuisinier remuait. Ce dernier s'étant mis à marcher de son côté, le pauvre Allemand, le visage décomposé et baigné de grosses larmes, tomba à ses genoux en marmotant une prière, qu'un Alsacien nous traduisit : le naïf prisonnier s'était figuré que le cuisinier le voulait mettre à la broche et il le suppliait de l'épargner... Inutile d'ajouter qu'une demi-heure après on se pâmait encore de rire dans la compagnie. Le prisonnier expliqua plus tard que ses camarades, vu son embonpoint, lui avaient prédit qu'il exciterait plus qu'aucun autre la convoitise de ces cannibales de zouaves.

L'armée sarde n'a pas pu donner à Magenta ; mais cependant une de ses divisions nous apportait tardivement des renforts à la nuit tombante. Ceci soit dit sans reproche, car nos alliés ne pouvaient arriver plus tôt. A la suite d'une déplorable méprise, ils furent reçus par nous à coups de fusil ; on les avait pris pour des Autrichiens. Heureusement personne ne fut atteint. Quelques heures auparavant on avait laissé deux divisions ennemies s'avancer à portée de pistolet, parce que l'on croyait que c'étaient des Piémontais qui se portaient en première ligne. L'erreur reconnue, on chargea... Pauvres divisions, elles furent culbutées en un clin d'œil. Le lendemain de la bataille, on procéda à l'enterrement des morts, triste corvée pour les survivants. On creuse des trous profonds, on les enduit de chaux et on y dépose le corps.

Chez les nations étrangères on a soin d'inhumer les ennemis à part; les Français, eux, enterrent côte à côte amis et ennemis. Il leur semble que la haine s'arrête aux bords de la tombe. Du reste, chez nous, le soldat est sans rancune et disposé à serrer la main de son adversaire après le combat. Ainsi le voulait autrefois l'esprit gaulois.

Chacun est enterré avec son uniforme, aussi complet que possible; quand, par hazard un zouave a une vieille veste, il prend la veste neuve d'un ami mort ; mais il a grand soin de la remplacer par la sienne. Un sous-officier est enterré avec ses galons, qui ont pourtant une certaine valeur, un officier avec ses épaulettes : l'insigne du grade est sacré.

Près de la station du chemin de fer de Magenta se trouvait une grande excavation d'où l'on avait tiré des masses de terres considérables pour un remblai ; c'est là que reposent le plus grand nombre de ceux qui périrent à Magenta. La municipalité de la ville a fait placer des croix, et, à chaque anniversaire de la bataille, la ville entière vient déposer des couronnes sur ces fosses qui recouvrent tant de vaillants soldats. La nuit, on allume une grande quantité de petits cierges qui illuminent le cimetière jusqu'au matin, entretenus par les mains pieuses d'un grand nombre de femmes qui passent la nuit à genoux. Il n'y a pas là un seul soldat piémontais, et l'on a osé prétendre que l'Italie n'était pas reconnaissante !

L'armée autrichienne opérait en grand désordre

sa retraite sur Milan, où l'on avait transformé la défaite en victoire. Du reste, le général Giulay crut jusqu'au dernier moment que les Français étaient battus. Tout autre à sa place eût pensé comme lui. Il avait débordé les grenadiers de la garde sur leur roite ; sur leur gauche, il les avait séparés du corps d'armée Mac-Mahon, contre lequel il avait lancé cent mille hommes pour le jeter dans le Tessin ; il ne doutait pas de l'exécution de ce plan, car comment se figurer que les vingt-cinq mille soldats du deuxième corps pourraient tenir contre une pareille masse ! Mais ses cent mille hommes furent culbutés, et le général Mac-Mahon secourut la gauche des grenadiers au moment où une division de renfort les appuyait à droite. La bataille fut perdue pour Giulay. Est-ce par sa faute ? Evidemment non. Il sut nous surprendre, quand par un habile mouvement autour du Tessin nous croyions l'avoir surpris. Il nous opposa cent quarante mille hommes contre trente cinq mille seulement ; il prit des dispositions admirables pour nous envelopper de toutes parts ; il fit enfin tout ce qu'un général en chef peut faire.

Mais la tactique savante et audacieuse de nos généraux et la valeur héroïque de nos soldats firent échouer ses belles combinaisons stratégiques. Par malheur pour lui, ce général commandait à des Allemands. Il ne faudrait pas croire pourtant que l'armée autrichienne manque de bravoure, loin de nous la pensée de l'accuser sur ce point. Les Allemands ont un courage tout particulier, qui consiste dans une grande solidité de pied ferme sous le feu, dans un calme stoïque au milieu des manœuvres faites sous les balles et le canon. La fusillade la plus vive, la mitraille la plus meurtrière ne peuvent ébranler leurs lignes ; mais c'est là tout ce qu'il faut demander au soldat autrichien. Devant une charge à la baïonnette, il ne sait pas tenir.

Dans toute la campagne, nous n'avons pas vu une seule fois nos adversaires croiser le fer avec nous. Dès que nous nous élancions, des oscillations significatives se manifestaient dans leurs rangs; ils tendaient au hasard leurs fusils en avant. Les officiers, le sabre levé, les maintenaient en bataille; mais quand les soldats nous voyaient approcher ils se débandaient.

Chaque fois qu'ils se sont bien battus, notamment à Cavriana et à Marignan, ils étaient abrités par les murs d'un cimetière ou d'une redoute.

Le corps d'officiers est très-brave, très-savant, très-dévoué au gouvernement; mais le plus petit sous-lieutenant a une morgue incroyable et se croit d'une nature bien supérieure à celle des simples soldats; il les malmène, il les brutalise, il les terrifie, en fin de compte il les abrutit.

L'avancement est à peu près impossible pour le militaire qui n'est pas noble; de là, point d'élan;

5.

les châtiments corporels achèvent de rabaisser le moral de l'armée.

Nous aurions cru les Autrichiens plus solides dans leurs retraites; nous nous trompions, car pendant la guerre d'Italie, ils se sont enfuis, après chaque affaire, dans une déroute complète. A Magenta même, ce fut une vraie débâcle, où tous les corps étaient mêlés dans une inexprimable confusion. Les habitants, trompés par de faux renseignements, ne connurent la victoire des Français que quand ils virent les Autrichiens rentrer dans leurs murs en proie à une complète démoralisation. L'armée ne put pas se reconstituer à Milan, qui n'eut qu'à se soulever pour la chasser de la ville.

Au moment même où les divisions battues se présentaient aux portes de la cité, on promenait dans les rues des Français prisonniers, dont la plupart étaient blessés, et les uhlans qui formaient l'escorte annonçaient au peuple que l'armée franco-sarde était *pulvérisée.*

Les blessés placés sur un char frémissaient de colère, et la foule, morne, silencieuse, écoutait la mauvaise nouvelle avec désespoir. Tout à coup un jeune officier provençal qui comprenait l'Italien et le parlait à peu près, se leva sur le char et cria aux Milanais :

— Les Autrichiens mentent. Ce sont les Français qui sont vainqueurs, et dans quelques heures ils planteront le drapeau tricolore sur votre cathédrale.

Une jeune femme charmante, de la fenêtre d'un palais, avait entendu les paroles de l'officier : elle lui lança une fleur et cria :

— *Evviva* !

La multitude suivit l'exemple de cette patricienne et poussa des hourrahs. L'officier français continuait à haranguer la population ; mais le capitaine des uhlans, tirant de ses fontes un pistolet, le menaça

de lui brûler la cervelle s'il continuait. Le Français jeta un regard sur la fenêtre où se trouvait la
jeune femme qui l'avait encouragé ; elle souriait.
Quoique blessé à l'épaule, le Français ne voulut pas
paraître intimidé en présence d'une Italienne ; il
sauta à bas du char, saisit de son bras valide la
jambe de son adversaire et le fit tomber de son
cheval; les autres prisonniers, imitant cet exemple,
se précipitèrent sur le sol et engagèrent une lutte
avec l'escorte; le peuple, électrisé, se rua à leur secours, et les uhlans s'enfuirent. Tel fut le commencement de l'émeute à la suite de laquelle les Autrichiens évacuèrent Milan.

Les prisonniers furent emmenés et hébergés par
les bourgeois de la ville; quant à l'oficier, après
avoir arraché le pistolet à son adversaire, il avait
reçu un coup de sabre sur la tête et était tombé éva-
noui. Quand il revint à lui, il se trouva dans un
boudoir élégant, et la jolie patricienne qui lui avait

lancé un bouquet veillait à son chevet. Le coup de
sabre fut bientôt guéri, mais la blessure de l'épaule
fut longue à se cicatriser. Après bien des veilles
et bien des fatigues, madame la comtesse X..., une
des plus charmantes et en même temps des plus
riches veuves de Milan, parvint à sauver le jeune
lieutenant qui s'était si intrépidement conduit sous
ses beaux yeux.

Elle lui fit comprendre, pendant sa convalescence,
qu'elle lui accorderait volontiers sa main, elle qui
avait dédaigné un général autrichien. Le jeune
homme ne se fit pas prier. On arrêta que le mariage
se ferait lorsque la guérison du blessé serait complète.

Malheureusement sa convalescence avançait bien
lentement. Bientôt même son état inspira des in-
quiétudes; puis le mal empira, et enfin le pauvre
lieutenant mourut auprès de la comtesse, qui voulut l'épouser *in extremis*.

Deux mois après, une jeune femme entrait à Paris dans l'ordre des sœurs de charité: c'était la veuve du lieutenant français. Elle demanda instamment à être envoyée en Algérie, où elle se dévoua pour le service des soldats malades. Quand éclata la guerre du Mexique, elle y accompagna le corps expéditionnaire, et elle fut l'une des premières victimes de la fièvre jaune.

Pour en finir avec les épisodes de la bataille de Magenta, voici l'histoire d'un âne et d'un ex-zouave, qui se signalèrent d'une façon toute particulière dans cette journée si meurtrière.

L'ex-zouave s'appelait Manitou, un surnom dont il ne pouvait expliquer l'origine. Entre autres sobriquets, l'âne avait celui de Sapajou. Manitou et Sapajou faisaient du commerce, l'un portant l'autre, à la suite des armées. Philosophes tous deux, ils vivaient au jour le jour, tantôt dans l'opulence, tantôt dans la misère.

La prospérité n'enflait pas leur cœur, l'adversité n'abattait point leur courage : ainsi sont les sages. Prenant leur part égale du bien et du mal qui leur arrivaient, se délassant le soir de leurs fatigues par une conversation aussi harmonieuse que spirituelle, l'âne et l'homme donnaient au monde en général, et aux zouaves en particulier, le spectacle d'une amitié dont rien ne troublait la sérénité.

Il y avait pourtant entre eux une grande différence : Manitou n'était qu'un homme ignorant et simple ; Sapajou était un âne savant et très-rusé ; mais il ne profitait pas de sa supériorité intellectuelle pour humilier son ami.

Sapajou faisait le soir les délices des bivacs. Après avoir transporté toute la journée sur son dos la pacotille de la société commerciale. Manitou, Sapajou et Cᵉ, il amusait les soldats. Il donnait gratis ses représentations, et Manitou était son impressario.

Il fallait voir Sapajou, sur les invitations de son

ami, exécuter mille tours plus merveilleux les uns que les autres.

— Sapajou, — disait Manitou, — fais-moi le plaisir d'imiter le tambour-major du 101ᵉ.

Aussitôt l'âne se dressait sur ses pieds de derrière, pointait ses oreilles vers le ciel, renversait la tête en arrière et se cambrait sur ses hanches ; un tambour battait une marche et Sapajou allait au pas, se carrant majestueusement, dodelinant la tête et imitant avec le pied droit les mouvements du bras qui tient la canne ; puis il se retournait, marchait à reculons, et faisait mine d'aligner ses tambours. C'était à mourir de rire.

Manitou disait ensuite : — Sois assez gentil maintenant pour nous montrer comment le colonel C... regarde les Italiennes.

Et Sapajou, toujours debout, prenait des façons conquérantes, roulait des yeux langoureux à droite et à gauche, puis faisait des saluts prétentieux de ci, de là, avec une grâce des plus grotesques.

Au commandement de Manitou, l'âne continuait de faire les portraits chargés des célébrités militaires.

Or, il advint qu'à la bataille de Magenta Manitou et son âne marchaient en avant d'une compagnie d'éclaireurs, qui rencontrèrent un escadron de uhlans; la compagnie forma le carré, mais Manitou trop avancé n'eut pas le temps de se rallier à elle. Il était armé, il résolut de se défendre et sauta sur son âne pour charger l'ennemi.

C'était un trait de folle témérité; mais un ex-zouave, cerveau brûlé comme Manitou, n'y regardait pas de si près.

— En avant! Sapajou, — cria-t-il.

L'âne, soit caprice, soit erreur, se dressa sur ses pieds de derrière, se mit à braire, et marcha vers les uhlans en imitant le tambour-major. D'une main, Manitou s'était cramponné à la crinière de son ami;

de l'autre il croisait la baïonnette sur l'ennemi, et il faisait chorus avec sa monture en poussant des cris féroces.

Les uhlans stupéfaits s'arrêtèrent d'abord ; puis, comme Sapajou s'avançait avec une contenance belliqueuse, ils furent pris d'une superstitieuse terreur et s'enfuirent, bien persuadés que le diable en personne combattait avec les Français.

# CHAPITRE VI

## MILAN

Amusante erreur d'un général ennemi. — Giberne ridicule. —
Un vétéran de l'armée du prince Eugène. — Entrée triomphale.
— Drame d'amour. — Dénouement sanglant

### APRÈS MAGENTA

Les Français ont coutume de mettre sac à terre
pour charger à la baïonnette ; chaque compagnie
forme un monceau particulier avec ses sacs, et après
la bataille elle va les reprendre... si on les retrouve,
ce qui n'arrive pas toujours.

Le 2ᵉ zouaves chercha longtemps les siens ; ils avaient presque tous disparu ou à peu près, grâce à une méprise des artilleurs autrichiens qui avaient reçu l'ordre de diriger leur feu contre les réserves.

Leurs officiers cherchèrent des yeux une réserve française derrière la première ligne de bataille, et ils n'en aperçurent pas, par cette excellente raison qu'il n'y en avait point.

Les batteries ennemies, fidèles à leur consigne, attendirent patiemment que la réserve, absente pour le moment, parût enfin à l'horizon ; tout à coup un général d'artillerie pousse un cri de triomphe ; il avait entrevu loin, bien loin derrière les zouaves, une longue ligne immobile de masses grisâtres. Vérification faite, il se convainquit que c'étaient des compagnies de Français couchés à plat ventre ; il avait parfaitement distingué des sacs sur le dos des soldats embusqués.

— Vite, — commanda-t-il à ses officiers, — qu'on

dirige un feu d'enfer sur ces points grisâtres, là-bas, sous les mûriers.

Et il se frotta les mains, le brave général ! Les artilleurs pointèrent les canons avec une rare adresse, il faut leur rendre cette justice ; une véritable pluie de boulets et d'obus tomba bientôt sur les endroits désignés par le général.

— Bravo ! disait-il, — bien ! très-bien ! Ils ne tiendront pas longtemps, je vous en répouds. Continuez, mes enfants, et ils vont déguerpir !

— Tonnerre ! — se disait le général autrichien, — quelle solidité ! Je n'aurais jamais cru les Français si intrépides sous les boulets.

Et il reprenait :

— Allons, allons, mes enfants, du courage ! Tirez toujours. Nous écrasons la réserve ennemie.

Et les artilleurs de redoubler d'activité.

Les artilleurs, excités par cet encouragement

continuaient à canonner sans relâche; mais les masses grises ne bougeaient point.

Et les masses grises de bouger moins que jamais.

— Étonnant! étonnant! — murmurait le général; — ces Français sont des murs! pas un mouvement même pour enlever les blessés! Il faut l'avouer, ce sont des braves; la guerre a des nécessités cruelles. Ces gens-là vont se faire exterminer jusqu'au dernier. Ma foi, tant pis, mon pays avant tout.

— Général, — vint dire un aide de camp, — voilà les zouaves qui sont bien près de nous. Notre infanterie bat en retraite...

— Ruse de guerre, lieutenant; c'est pour attirer la première ligne ennemie dans un piége, pendant que nous anéantissons la réserve; tout à l'heure nos troupes prendront l'offensive et cerneront ces Français imprudents, qui n'auront aucun soutien à attendre par derrière.

L'aide de camp allait se retirer en admirant le génie de son supérieur, quand le cri de guerre des zouaves retentit.

Trois cents hommes s'élancèrent sur les canons, et en un clin d'œil s'en emparèrent en faisant les servants prisonniers.

Le général d'artillerie dut son salut à son cheval, qui s'était emporté en entendant les clameurs farouches des zouaves.

Quant à l'aide de camp, il était resté au pouvoir des Français.

On le conduisit avec les artilleurs vers la briqueterie, où bon nombre d'Autrichiens se trouvaient déjà gardés à vue par nos blessés; le lieutenant se promit en passant auprès des masses grises de vérifier les pertes que les boulets avaient dû leur faire essuyer. Quand il fut proche de la prétendue réserve, il reconnut qu'elle se composait... de havre-sacs amoncelés par les compagnies qui s'étaient allégées de ce poids gênant.

Néanmoins, les artilleurs purent s'enorgueillir de leur adresse, car nos pauvres sacs étaient hachés et dispersés; heureusement nous réparâmes nos pertes en *linge et chaussure* grâce aux bagages abandonnés par l'ennemi. Quand nous eûmes remonté notre *garde-robe* portative, les paysans italiens purent encore recueillir après nous de quoi vêtir, coiffer et chausser leurs enfants et leurs petits-enfants.

En cas de défaite, l'habitude de mettre sac à terre pourrait avoir le grave inconvénient d'exposer nos troupes à perdre leurs effets de campement et d'habillement; c'est ce que fit observer un officier autrichien à un de nos zouaves.

Le zouave se mit à sourire.

— Votre sourire, — dit l'officier autrichien, — me prouve que vous vous croyez invincibles!

— Non, — fit le zouave; — je pense seulement que les morts n'ont plus besoin de rien.

— Ce qui veut dire ?... — demanda l'officier.

— Que nous sommes prêts à nous faire tuer plutôt que de fuir devant l'ennemi...

Il se perd, sur un champ de bataille, une incroyable quantité de cartouches, par suite de l'exiguïté des gibernes.

Il y aurait à faire, dans le fourniment de notre armée, une réforme dont les zouaves ont déjà pris l'initiative. Il s'agirait de remplacer la giberne en cuir par une cartouchière en peau garnie de poils.

La giberne actuelle ne peut contenir que deux paquets de cartouches, et chaque soldat en a dix ; les huit paquets qui restent sont placés dans le sac; quand le fantassin quitte le sac, il ne sait plus où placer les munitions qui n'ont pu trouver place dans la giberne ; soixante ou quatre-vingts cartouches forment un poids et un volume embarrassants. Les uns en bourrent leurs poches, ce qui est gênant pour courir et en même temps très-dangereux ; les

6

autres les placent entre leur poitrine et leur capote;
mais la sueur mouille bientôt la poudre ; quelques-
uns les logent dans leur shako, qui tombe le plus
souvent et laisse les paquets s'éparpiller à droite et
à gauche. Il en résulte forcément un gaspillage
très-dangereux et inévitable des munitions ; on a
vu souvent des compagnies entières manquer de
cartouches par ce seul motif. Les zouaves et quelques autres régiments d'Afrique ont trouvé le
moyen d'obvier à cet inconvénient.

Chaque soldat, avant de se mettre en campagne,
tâche de se procurer un chat, un chien, une chèvre
ou un mouton si le régiment est en garnison; s'il
campe dans la plaine, chaque fantassin tâche de
tuer à la chasse un chacal, un lièvre ou un lapin.
L'animal sauvage ou domestique, une fois mis à
mort, est dépecé : sa fourrure, étendue au soleil,
sèche en peu de temps et fournit bientôt une cartouchière qui se suspend en bandoulière à l'aide

d'une courroie ; rien n'est plus facile à porter et à manœuvrer que ces cartouchières. On les fait passer facilement par devant, par derrière, sur les côtés ; on les change d'épaule, on les ouvre et les ferme sans efforts ; elles contiennent quatre-vingts, cent, deux cents cartouches même ; elles sont souples et se prêtent à tous les mouvements du corps. La giberne, au contraire, outre son exiguïté, est roide, anguleuse, dure à manier ; elle est tenue par un ceinturon contre les reins, qu'elle fatigue ; quand il pleut, l'eau y pénètre facilement ; tandis que le poil des cartouchières protége la poudre contre l'humidité. En outre, la giberne doit être *astiquée* sans cesse, tandis que la cartouchière ne nécessite aucun soin ; enfin, son aspect est bien plus guerrier, bien plus pittoresque que celui de la giberne.

Depuis vingt ans, soit en Afrique, soit en Crimée, soit en Italie, nos zouaves en campagne portent des cartouchières, et cependant l'incommode giberne n'a pas encore été bannie par un décret impatiemment attendu.

Le lendemain de la bataille de Magenta, une centaine de Milanais vinrent nous rendre visite dans nos bivacs; ils nous annoncèrent que Milan s'était insurgé et avait chassé les Autrichiens.

C'était l'élite de la noblesse lombarde; tous avaient pris une part active à l'émeute. Ils étaient descendus du chemin de fer avec une telle précipitation que l'un d'eux s'était démis le poignet en tombant. Ces braves patriotes étaient fous de joie.

Ils envahirent le camp en poussant des vivats frénétiques; ils nous prenaient les mains avec transport et les embrassaient : tous avaient les larmes aux yeux. Pauvres Italiens ! Nous étions profondément émus devant l'effusion de leur reconnaissance ; nous comprenions combien le joug de l'étranger est lourd à porter.

Parmi nos visiteurs se trouvait un vieillard qui

avait servi autrefois dans l'armée du prince Eugène; il était chevalier de la Légion d'honneur. Il
tenait dans ses mains tremblantes sa croix, qu'il
avait dû cacher longtemps aux sbires autrichiens,
et il nous la montrait avec des rires enfantins qui
faisaient peine à entendre. On le conduisit sur le
champ de bataille. Il promena autour de lui un
regard effaré, il murmura des paroles incohérentes,
s'assit à terre, lança sa croix en l'air et se mit à
jouer avec elle ; puis tout à coup il se releva, poussa
un éclat de rire strident et s'évanouit.

Le pauvre vétéran n'avait pu résister à la joie de
voir son pays délivré. Il était devenu fou !

Le deuxième corps quitta Magenta le 7 juin, se
dirigeant sur Milan, où il devait entrer le 8. On
campa à trois lieues de la ville.

Vers cinq heures du soir, le bivac était fort ani-
mé ; les soldats rôdaient de tous les côtés, les cuisi-
niers écumaient leur soupe, des jeux étaient im-

provisés sur les fronts de bandière ; les cantines
étaient pleines de monde ; tout à coup un cavalier
accourut bride abattue devant la tente du général,
un clairon sonna le garde-à-vous, puis la marche
du régiment. L'ennemi était en vue !

Tous les soldats épars furent rassemblés en trois
minutes ; le régiment fut prêt deux minutes plus
tard, et il partit au pas de course dans la direction
indiquée par les vedettes ; tout le deuxième corps
le suivait. C'est un curieux spectacle que celui de
vingt mille hommes dispersés, à demi nus, dé-
chaussés pour la plupart, se formant en bataille
avec une si merveilleuse promptitude. Pendant
quelques instants il y a une confusion inexprimable ; les compagnies, les escadrons, les batteries se
mêlent et se heurtent tout en courant à l'ennemi ;
les hommes jurent, les chevaux hennissent, les
lourds canons ébranlent le sol, des nuages de poussière s'élèvent de tous côtés : on dirait qu'une

trombe gigantesque a enveloppé l'armée et la fait tournoyer sur elle-même dans un effroyable désordre, tout en la poussant en avant. Puis tout ce chaos se débrouille rapidement, les bataillons, les brigades, les divisions se forment tout en courant, le silence se fait et l'on n'entend plus bientôt que le bruit des pas sur le sol et le roulement sourd des caissons.

Un corps d'armée autrichien, d'environ quarante mille hommes, avait causé cette alerte ; il s'était égaré et la présence de nos vedettes lui avait fait reconnaître son erreur. Nous le poursuivîmes pendant trois heures sans pouvoir arriver à portée de canon ; la nuit vint, nous retournâmes au bivac, fort mécontents d'avoir laissé les Autrichiens s'échapper.

Le lendemain matin nous partîmes pour Milan ; le 2ᵉ zouaves, par un hasard de l'ordre de marche, se trouvait en tête du corps d'armée. Tous les yeux

étaient fixés dans la direction de la ville ; nous
désirions tous voir cette magnifique cité que nous
venions de délivrer du joug étranger ; nous savions
que la population, en habits de fête, nous attendait
avec anxiété, et qu'une splendide réception nous
était préparée. Mais nous avions beau marcher de
notre pas le plus rapide, nous n'apercevions à
l'horizon ni maisons, ni édifices ; on ordonna une
halte, et le colonel nous cria de mettre les turbans.

A son avis on approchait.

Et pourtant nous ne pouvions comprendre comment une ville de 400,000 âmes pouvait se cacher
ainsi à quelques kilomètres de distance.

Les turbans furent roulés ; chacun se coiffa avec
mauvaise humeur ; la chaleur était étouffante ; on
n'avait pas pris le café ; l'étape menaçait de s'allon-
ger indéfiniment, et les zouaves, toujours grognons,
prétendaient qu'on les avait mystifiés ; que Milan
était encore bien loin ; que pour leur faire faire

une marche forcée on leur en donnait à croire, etc., etc. Les officiers supérieurs et les généraux riaient dans leurs moustaches et nous regardaient d'un air railleur, ce qui ajoutait encore à notre contrariété.

Enfin, le clairon sonna sac au dos, ce qui coupa court aux récriminations. Nous fîmes cent pas au plus, et soudain, à un détour de la route, nous vimes se dérouler à nos yeux un panorama splendide; Milan nous apparut immense et magnifique, s'étendant au loin sous le ciel bleu; la cathédrale dominait tous les autres édifices avec ses mille clochetons dentelés et d'un aspect si étrangement pittoresque. Sur le plus élancé d'entre eux une statue d'or faisait planer dans l'air l'étendard aux trois couleurs; devant nous se dressait la porte du Simplon avec son arc de triomphe gigantesque, dont les colonnades de marbre étincelaient sous les rayons d'un soleil éblouissant. Sur le sommet de ce

magnifique monument, son célèbre groupe de
coursiers se découpait admirablement sur l'horizon
azuré, et produisait dans un jour pareil un effet
saisissant. Devant l'arc de triomphe une foule
innombrable attendait anxieusement notre arrivée;
elle était là frémissante, les yeux fixés sur la route,
retenant son souffle afin de saisir les moindres
bruits. Pour elle comme pour nous, il y eut une
surprise émouvante quand le régiment déboucha
tout à coup au son des fanfares.

Il y eut d'abord un moment de stupeur, puis un
grand cri de joie s'échappa de cent mille poitrines
et passa sur nos têtes en nous causant un frisson-
nement magnétique indéfinissable ; il nous semblait recevoir à distance le baiser passionné de ce
peuple en délire.

Nous répondîmes par un hourra à ce salut de
l'Italie ; puis, nous avançâmes en silence, le cœur
serré par l'émotion. Mais il fallut nous arrêter, la

multitude s'était élancée à notre rencontre et ses flots nous enserraient de toutes parts; cette masse d'hommes, de femmes et d'enfants, courant à nous, avait l'aspect de la mer roulant sur les dunes ses vagues tempétueuses.

Le régiment recula devant ce choc irrésistible. Il y eut un moment de confusion inexprimable; nos rangs s'étaient rompus, les Milanais nous avaient sauté au cou et nous embrassaient avec l'effusion de la reconnaissance ; les femmes nous couvraient de fleurs et de rubans, les enfants nous comblaient de caresses. Une petite fille de cinq ans avait tendu ses mains mignonnes vers le maréchal Mac-Mahon, qui, du haut de son cheval, s'était penché vers elle; l'enfant saisit la manche de son habit avec la pétulance d'un petit garçon, elle grimpa sur le cheval en s'attachant aux étriers, et là, heureuse, triomphante, elle enlaça de ses deux petits bras le maréchal, qu'elle ne voulait plus quitter.

Enfin, la colonne parvint à se reformer. On entra dans la ville; toutes les fenêtres étaient garnies de pièces d'étoffes, mi-partie soie mi-partie or, que que l'on exhibe au jour des processions solennelles; nous eûmes les mêmes honneurs que le Saint Sacrement à la Fête-Dieu! Nous étions devenus les idoles de l'Italie.

Les rues regorgeaient de monde; les dames de la bourgeoisie et de l'aristocratie étaient aux croisées, souriantes, parées de leurs plus beaux atours de leurs lèvres roses sortaient des vivats enthousiastes; de leurs mains gantées tombaient des bouquets parfumés; de leurs yeux noirs s'échappaient des regards enivrants.

Les applaudissements retentissaient frénétiques quand passait notre drapeau, noirci par la poudre, déchiqueté par la mitraille, l'aigle troué à la poitrine par un biscaïen, la hampe hâchée par les balles; il marchait haut et fier, escorté de deux étendards autrichiens portés *en berne* par ceux qui les avaient pris à Magenta.

Les couronnes pleuvaient à tel point sur notre drapeau que la hampe déjà entamée, faillit se rompre ; les soldats pour éviter cet accident, arrêtaient les fleurs au passage avec leurs baïonnettes.

Jamais Paris n'a fait à une armée française une réception plus enthousiaste que celle-là. Le régiment du reste était superbe, et, (qu'on nous passe l'expression) il sentait encore la poudre de Magenta. Les uniformes en lambeaux attestaient l'acharnement de la lutte ; les sabres-baïonnettes étaient ébréchés, tordus ou rompus par le milieu ; le bois des carabines était entamé en maints endroits ; le fer des canons était taché d'une rouille sanglante à l'extrémité, la culasse était ternie par le salpêtre ; le fouet des branches d'arbres, contre lesquelles on heurte dans les charges, avait lacéré les visages ; les pierres et les ronces qu'on rencontre en ram-

7

pant vers l'ennemi avaient écorché les mains. Les
Milanais purent s'expliquer alors comment les vingt
mille Africains de Mac-Mahon avaient pu écraser
quatre-vingt-mille Autrichiens.

Les Milanais avaient offert de nous loger dans
leurs maisons, mais par prudence les généraux
durent nous faire camper dans un faubourg que
traversait la route de Marigan, où les Autrichiens
avaient leur arrière-garde. De cette façon, en cas
d'attaque, nous couvrions Milan.

La foule nous avait accompagnés au bivac qui
s'établit en deux tours de main, au grand ébahisse-
ment des curieux : les faisceaux étaient formés devant les fronts de bandière ; le rangs se rompirent,
les tentes furent déroulées et dressées ; en cinq
minutes dix mille maisons de toile s'alignèrent sous
les arbres du faubourg, et présentèrent l'aspect d'une
ville surgie de terre comme par enchantement. De
tous côtés les dames de l'aristocratie accouraient

dans leurs calèches ; puis elles descendaient curieuses et étonnées, visitant nos tentes, touchant nos sacs avec une charmante indiscrétion, nous questionnant avec une gracieuse naïveté, riant aux éclats d'une galante réponse, pressant nos mains de soldats dans leurs jolis doigts effilés, nous remerciant d'une voix attendrie d'avoir battu les Autrichiens ; et tout cela était accompagné de gestes adorables, de regards enchanteurs.

Presque toutes débutaient par s'informer du grade que l'on occupait au régiment.

— Vous êtes lieutenant ou capitaine, n'est-ce pas, monsieur ? disaient - elles aux simples zouaves.

— Non, madame, — répondait-on.

— Sous-lieutenant, alors ?

— Pas même ; je suis simple soldat.

— Ah ! — faisaient-elles toutes surprises.

Ce ah ! avait une éloquence significative qui

nous rappelait le mot d'un capitaine autrichien, cité dans un précédent article : « Vous êtes une armée d'officiers ! » Toutes les familles milanaises voulaient emmener un soldat français, et c'est à peine si l'on vous donnait le temps de faire quelques préparatifs.

Les zouaves prévoyaient comme chose possible un retour offensif de l'ennemi, et ils tenaient, en cas d'alerte, à retrouver le camp. Chacun s'orienta; on remarqua les monuments voisins, et au premier coup de clairon on se promit de courir dans la direction de tel ou tel clocher, selon le bataillon auquel on appartenait. Ce sont ces détails qui donnent la mesure de l'intelligence de nos soldats. De plus, les fusils furent chargés et amorcés, les sacs furent préparés, de telle sorte qu'il n'y eût plus que la tente à rouler sur eux et à marcher.

On verra que ces précautions n'étaient point inutiles. Quand on eut mis en repos sa conscience sur le devoir, on songea au plaisir ; parmi les groupes de Milanais qui cherchaient à s'arracher les zouaves, chacun fit son choix selon ses goûts. Nous avons remarqué que la petite bourgeoisie et les ouvriers furent favorisés ; nos soldats aiment leurs aises et ils craignaient de n'avoir point leurs coudées franches dans les calèches armoriées.

Au bout d'un quart d'heure, le camp était désert; quelques sentinelles restaient seules, surveillant les faisceaux. Ceux que le sort avait désignés pour cette corvée étaient fort mécontents ; mais il fallait bien en prendre son parti. Du reste, de deux heures en deux heures, d'autres zouaves, un peu festinés, accouraient du fond de la ville relever fidèlement leur camarade ; celui qui aurait manqué à cette obligation aurait été cruellement puni le lendemain par l'escouade tout entière. On ne signala pas une seule infraction.

Quelques-uns pourtant durent quitter vers minuit des hôtes et des hôtesses bien agréables, pour monter leur faction. *Dura lex, sed lex!*

Parmi ceux qui s'ennuyaient fort de se promener l'arme au bras sur le front de bandière des compagnies, se trouvaient trois jeunes hommes, dont les yeux se fixaient sur l'horloge d'une église voisine, pour voir quand l'aiguille marquerait cinq heures. Ils s'étaient promis, aussitôt leur faction faite, de visiter Milan ensemble. Cinq heures sonnèrent enfin, leurs camarades vinrent les relever de leur garde, et les trois amis, après avoir endossé leurs uniformes neufs, se dirigèrent au plus vite vers Milan. Ils avaient des goûts raffinés ; leur premier soin fut d'entrer dans un établissement de bains de somptueuse apparence. Ils en sortirent frais et dispos, et passèrent au comptoir pour solder.

— Messieurs, — leur dit une vieille dame qui trônait dans ce comptoir, — je suis payée par la municipalité de toutes les dépenses que feront chez moi les soldats français; la régie a même mis des caisses de cigares à ma disposition pour vous en offrir.

C'était un généreux mensonge ; la bonne dame tenait à ménager la bourse des zouaves.

Elle leur tendit d'excellents cigares, qu'ils savourèrent avec délices, après avoir remercié la municipalité dans la personne de la maîtresse des bains. L'un des zouaves était un Parisien, garçon d'esprit, soit dit sans faire tort aux deux autres.

— Voyons, — dit-il à ses camarades, — où désirez-vous dîner ? Est-ce chez des comtesses ou chez des dames du demi-monde ? chez des bourgeoises ou chez des grisettes ? Choisissez.

— Les comtesses paraissent tout à fait charmantes ici, — répondirent les zouaves, — un dîner avec elles ne doit pas être désagréable.

— Va pour les comtesses !

Et le Parisien s'achemina vers le quartier le plus paisible de la ville.

— Où diable vas-tu? — firent ses amis; — toutes ces grandes maisons noires et tristes n'ont pas l'air engageant.

— Chut! - dit le zouave, — ceci doit être le faubourg Saint-Germain de Milan; derrière ces jalousies on nous lorgne bien certainement; tout à l'heure on nous enverra des ambassadeurs, vous allez voir. Donnons à nos calottes un pli moins tapageur et ayons de la dignité dans la démarche.

Le Parisien fut obéi ponctuellement.

Les trois amis n'avaient pas fait cinquante pas qu'ils entendirent un pas rapide derrière eux. Ils firent mine de ne point y prendre garde, mais ils ralentirent leur marche.

L'homme qui courait après eux était un vieillard qui avait l'air d'un intendant de bonne maison; il les rattrapa bientôt et, tout essoufflé qu'il était, il s'inclina profondément devant eux.

— Seigneurs zouaves, — leur dit-il, — permettez-moi de vous offrir une requête de la part d'une dame.

— Nous sommes tout disposés à vous écouter, — répondit le Parisien, — heureux d'être agréables à une dame, si cela est possible.

L'intendant s'inclina encore et reprit :

— La signora M... serait heureuse d'offrir l'hospitalité à quelques-uns de nos libérateurs ; elle s'est rendue en calèche à votre camp, qu'elle a trouvé presque désert, faute d'être arrivée assez tôt. Elle m'a chargé de vous dire que si vous daigniez accepter son invitation, elle vous en serait très-reconnaissante.

— Votre maîtresse est trop aimable pour que nous refusions de vous suivre, monsieur l'intendant ; nous sommes aux ordres de la signora.

7.

Le vieillard, radieux d'avoir réussi, fit entrer les zouaves dans un hôtel d'un style majestueux, et, après les avoir priés d'attendre quelques minutes, il les introduisit auprès d'une jeune femme ravissante, qui se leva à leur approche et les accueillit avec une affabilité pleine de dignité.

Elle fit servir des rafraîchissements, et la conversation s'engagea, un peu maniérée d'abord, mais elle devint bientôt vive, spirituelle, enjouée.

— Messieurs, — dit la jeune femme après avoir jugé favorablement ses hôtes, — permettez-moi de vous retenir à dîner ; j'inviterai deux de mes amies, qui, j'en suis certaine, seront enchantées de vous voir.

Dix minutes après, les deux amies de la comtessina M... entraient dans le salon ; les zouaves leur étaient présentés et la conversation continuait plus animée que jamais sur la guerre, sur Paris, sur l'Italie, sur les femmes et sur l'amour.

Les zouaves traitèrent cette dernière question avec tant de tact et de bonheur qu'ils parvinrent à dire beaucoup sans exciter les susceptibilités de leurs hôtesses aristocratiques.

Hâtons-nous d'ajouter toutefois que, quand l'intendant annonça le dîner, les choses étaient restées dans les limites du plus strict bon ton, à part toutefois l'absence des maris et l'étrangeté de la situation, que justifiaient du reste les circonstances extraordinaires où l'on se trouvait.

En se rendant par une galerie à la salle à manger, la comtessina surprit un coup d'œil que le Parisien lançait à un portrait de la famille.

— C'est le portrait de feu mon mari,—dit-elle;— je suis veuve, mes amies le sont aussi.

Le zouave répondit à cette explication par un salut cérémonieux.

Mais, comme on se mettait à table, l'une des

dames demanda à la comtessina si elle avait reçu des nouvelles de son mari.

Le Parisien ne put réprimer un sourire.

— Allons, messieurs, — dit la comtessina en rougissant, — je vois qu'il faut être franche ; nos époux existent, et pourtant nous sommes veuves....

— C'est-à-dire, — reprit l'une des dames, — que nous sommes délaissées par nos maris, qui sont attachés à la fortune de l'Autriche et qui ont suivi l'armée de Giulay.

— C'est double crime pour eux, mesdames, — fit le Parisien, — d'abandonner à la fois leur patrie et des femmes aussi charmantes que vous.

La confidence que venaient de faire les Italiennes permit aux zouaves de se montrer encore plus empressés et plus galants ; mais ils avaient affaire à de trop grandes dames pour ne pas rester gentlemen jusqu'au bout.

Après le dessert, on monta sur la terrasse de l'hôtel ; la nuit était venue, le ciel était splendidement émaillé d'étoiles ; la brise passait dans l'air, apportant les parfums des jardins d'alentour. Les bruits de la cité venaient mourir au pied de l'hôtel silencieux ; la terrasse était presque un parterre ; on pouvait s'y égarer à travers les bosquets d'orangers et de citronniers en fleurs.

Chaque zouave offrit son bras à une dame et l'on se promena lentement dans les petites allées de la terrasse.

Minuit sonna.

Nous ne savons quels propos enchanteurs murmurèrent les zouaves aux oreilles des jolies Milanaises, mais des soupirs passionnés se mêlèrent aux murmures de la brise...

Vers minuit, les dames proposèrent à leurs cavaliers de les reconduire à leur camp ; la comtessina fit atteler ; ses deux amies firent mander leurs calèches.

Soit maladresse des cochers, soit par suite d'un malentendu, les équipages, au lieu de se suivre, se séparèrent dans les rues de la ville : on ne revit pas les trois amis au camp...

Cette nuit-là, à quatre heures du matin, les clairons se répandirent dans les rues, donnant l'alerte.

Le deuxième corps et le premier marchaient sur Marignan ; ceux qui avaient eu la prudence de rester à Milan purent se rallier à leur régiment ; ceux qui s'étaient laissé emmener à la campagne par des sirènes aux yeux noirs apprirent bien tard, par le son du canon, qu'on se battait sans eux.

Cette nuit-là, la route de Milan à Marignan fut sillonnée de calèches conduisant au feu des zouaves attardés. On put reconnaître les équipages de la comtessina M... et de ses amies ; toutes trois amenaient au feu leurs cavaliers. Les trois zouaves arrivèrent presque en même temps devant la ville.

L'assaut se préparait. Ils furent au désespoir en voyant un régiment de zouaves se lancer sur le cimetière de Marignan; ils se précipitèrent à bas des voitures et coururent à l'ennemi.

Un quart d'heure plus tard, les trois calèches s'en retournaient à pas lents : deux morts étaient couchés sur les coussins ; un blessé appuyant sa tête sur les genoux de la comtessina M... C'était le Parisien.

— Madame, — dit-il, — mes amis ont été moins heureux que moi, je puis encore vous voir avant de mourir.

Il prit la main de la jeune femme, y déposa un baiser, puis il rendit le dernier soupir.

Ils sont enterrés tous trois à Milan dans le même caveau, autour duquel des mains pieuses entretiennent des immortelles...

# CHAPITRE VII

## MARIGNAN

Les Autrichiens, après avoir évacué Milan, se retiraient par Lodi et Crema; leur arrière-garde, fortement installée à Marignan, protégeait leur retraite. Marignan forme une tête de pont en avant de l'Adda; vingt mille hommes y étaient retranchés et défendaient le passage de la rivière. Pour inquiéter l'armée autrichienne et retarder sa réorganisation, il était important de la poursuivre. On résolut de culbuter son arrière-garde et d'enlever Marignan ; de cette façon le mouvement rétrograde des Autrichiens devait s'accélérer avec une confusion inévitable ; un retour sur Milan devenait impossible, et nous pouvions en toute sécurité faire de cette ville une base d'opérations.

Débusquer les Autrichiens de Marignan était donc une bonne opération stratégique ; malheureusement, comme l'a constaté le rapport officiel, cette opération, par différents motifs, entraîna des pertes considérables. Le premier et le deuxième corps placés provisoirement tous deux sous le commandement en chef du maréchal Baraguey-d'Hilliers, eurent ordre de marcher sur Marignan ; le premier corps devait attaquer de face cette bourgade, le deuxième corps devait la tourner pour forcer l'ennemi à évacuer la position ou le cerner. C'eût été un beau coup de filet si l'entreprise avait réussi, mais il eût fallu pour cela que le deuxième corps eût le temps d'effectuer son mouvement tournant. Il n'en fut pas ainsi.

Le premier corps n'arriva qu'à trois heures en présence de l'ennemi, et le deuxième, ayant plus de chemin à faire, fut encore plus attardé.

L'on se décida à trois heures et quart à brusquer l'attaque avec les troupes que l'on avait sous la main; en terme de guerre, cela s'appelle prendre *le taureau par les cornes*.

Remarquons que cette fois encore la marche des régiments fut ralentie par les bagages qui encombraient les routes.

Il est à souhaiter qu'à l'avenir on suive les traditions de l'armée d'Afrique, où les bagages sont réduits à *la plus simple expression*. Après la débâcle de Magenta, on ne croyait pas les Autrichiens capables d'opposer une grande résistance, et l'on pensait que nos régiments entreraient dans Marignan presque

sans coup férir. L'on fut cruellement détrompé ;
les circonstances étant tout autres qu'à Magenta,
l'ennemi s'y montra sous un jour nouveau. Inca-
pable de maintenir un choc en plaine, l'infanterie
autrichienne est très-solide derrière un retranchement, et à Marignan elle était parfaitement à cou-
vert ; l'aspect de la ville était formidable.

Un peu en avant d'elle, le cimetière formait un
véritable fort détaché, qui commandait la route; la
batterie qu'on y avait établie enfilait cette route dans
toute sa longueur.

Derrière le cimetière, les maisons crénelées par
le génie, étaient garnies de Tyroliens dont les
carabines portent à quatorze cents mètres ; ces
habiles tireurs pouvaient viser à coup sûr; les canons de leurs armes étant appuyés au créneau,
devaient diriger des feux plongeant sur les assaillants.

Les colonnes étaient massées au détour des rues

principales, pour repousser les Français qui parviendraient à pénétrer dans la ville.

Certes, si le temps n'avait pas manqué, on aurait pu se rendre compte de ces formidables dispositions, l'on aurait ouvert à coups de canon de larges brèches dans les murs ; l'on en aurait délogé les défenseurs avec des boulets creux, éclatant au milieu des chambres qu'ils occupaient et y faisant des ravages considérables.

Au lieu de cela, nos soldats eurent à parcourir un terrain sillonné par les balles et la mitraille, ils vinrent se heurter contre des obstacles matériels qu'il fallait escalader, et derrière lesquels l'ennemi les attendait en bon ordre, sans avoir eu à souffrir de notre fusillade.

Le premier élan fut repoussé.

Après une canonnade insignifiante, le 1er zouaves et plusieurs régiments de ligne furent lancés sur Marignan... Fantassins et zouaves, en rivalité de

gloire, coururent à l'ennemi avec une fougue indicible. Les Autrichiens ouvrirent sur eux des feux
droits et convergents dont l'effet, habilement com-
biné, fut terrible ; les boulets labouraient le sol
et le balayaient à ras ; les balles tombaient si ser-
rées que l'herbe des fossés de la route fut coupée
comme si la faux y avait passé.

Les compagnies étaient anéanties par des feux
de bataillon d'une puissance incroyable : là où ils
portaient on aurait dit qu'un coup de massue gigantesque avait écrasé des rangs entiers.

Malgré cet orage de plomb qui pleuvait sur les
nôtres, ils parvinrent jusqu'au pied des retranchements ; mais là vint mourir leur effort héroïque. On ne renverse pas, en les poussant, des
murs cimentés !... Et pourtant on vit des zouaves
s'acharner, avec un courage surhumain, à démolir
les pierres à coups de baïonnette ; on vit des fantassins faire la courte échelle pour arriver aux fenêtres

des maisons... Mais c'était le délire de la bravoure.
Il fallut céder ; l'on se replia à quelques cents pas
seulement.

Alors les zouaves, profitant de chaque pli de terrain, des fossés, des arbres, de quelques haies,
énergiquement secondés par les chasseurs de Vin-
cennes, ouvrirent à leur tour une fusillade enragée
(qu'on nous passe le mot) contre l'ennemi. L'artillerie se porta aussitôt sur la même ligne qu'eux et
battit en brèche ; l'ennemi redoubla d'énergie pour
soutenir cette attaque. Pendant un quart d'heure,
les détonations se succédèrent avec une telle rapidité, qu'on eût cru entendre le roulement continuel
et effrayant de cent coups de foudre éclatant à la
fois. Le ciel, déjà sombre, se couvrit de nuages
épais qui crevèrent bientôt, laissant échapper des
torrents de pluie ; à travers l'obscurité des éclats
fulgurants de la foudre se mêlèrent aux lueurs si-
nistres de l'artillerie et aux éclairs ondoyants des

feux de tirailleurs ; les décharges de l'électricité se confondirent avec celles de la poudre. Les brèches s'ouvrirent enfin au flanc des retranchements ; un hourrah immense domina un instant tous les bruits ; les assaillants se levèrent et bondirent vers ces ouvertures, qui s'étaient hérissées de baïonnettes. Ce fut un étrange spectacle que celui de ces ombres surgissant de terre, au milieu des ténèbres, et se ruant contre un cimetière d'aspect funèbre, qu'illuminaient de temps à autre les reflets fantastiques de l'orage.

Il y eut des engagements furieux et corps à corps dans chaque maison, dans chaque rue ; les régiments de ligne avaient débordé le village ; ils prenaient l'ennemi à revers ; ils lui firent essuyer un véritable désastre.

Après une lutte sanglante, Marignan tomba en notre pouvoir ; cette fois encore cette bourgade avait vu un *combat de géants !*

Les maisons, les rues, les places étaient inondées de sang ; à chaque instant on heurtait du pied un mort ou un blessé autrichien. Nos plus grandes pertes avaient eu lieu devant la ville ; là les corps de nos soldats étaient amoncelés. Le 1er zouaves eut sept cents hommes hors de combat à lui seul.

Dans cette affaire, comme partout, du reste, les régiments de ligne se battirent avec une bravoure qui faisait l'admiration des corps spéciaux. Ils perdirent une grande partie de leur effectif.

Ce combat fut relativement le plus terrible et le plus meurtrier de toute la campagne d'Italie.

A Marignan, comme à Magenta, les habitants s'unirent aux vainqueurs pour donner la chasse aux Autrichiens ; ils s'étaient réfugiés pendant l'affaire dans les caves ou dans les greniers ; pillés, insultés et battus, ces pauvres bourgeois italiens avaient voué une haine à mort à la soldatesque ennemie ; au moment où celle-ci évacuait une maison, on

8

voyait tout-à-coup les fenêtres se garnir d'Italiens qui, ayant ramassé des fusils abandonnés, faisaient le coup de feu contre les fuyards, et souvent même les chassaient la baïonnette dans les reins.

On put pourtant se figurer pendant quelques minutes qu'une partie de la population tenait pour l'ennemi; deux groupes de gens revêtus du costume civil avaient engagé une lutte sur une place, et nos soldats ébahis ne savaient trop que penser de cette guerre intestine. Mais on les avertit que l'un de ces groupes était une compagnie de Croates, qui s'étaient déguisés en citadins.

Cette compagnie ayant à défendre un quartier isolé avait été coupée du reste de l'armée. Ne sachant comment échapper aux Français, les Croates eurent l'ingénieuse idée de piller les garde-robes des maisons où ils se trouvaient. Ainsi transformés en patriotes italiens, ils passaient au milieu des rues en criant *Viva l'Italia !* Malheureusement pour eux, un brave homme de propriétaire reconnut sur le dos d'un officier sa robe de chambre à ramages et sa toque à gland d'or ; il dénonça la supercherie. Les Croates furent faits prisonniers et obligés à restituer les effets dont ils s'étaient parés et emparés. Ce jeu de mots est d'un loustic du 1er zouaves.

Deux escouades d'Autrichiens s'étaient barricadés dans une grange ; ils avaient entassé une masse énorme de matériaux contre la porte principale et ne s'étaient réservés, pour fuir en cas de défaite, qu'une petite porte bâtarde, communiquant à l'écurie et fermant à clef.

Ils avaient percé, dans les murs de la grange, vingt-cinq créneaux et ils avaient tiraillé de là sur nos troupes pendant toute la durée du combat. Choisis parmi les plus habiles tireurs de leur bataillon, ils avaient abattu un grand nombre de zouaves.

Se défiant des habitants de la maison à laquelle attenait la grange, ils les avaient chassés à coups de crosse de fusil, à l'exception d'une de ces pauvres idiotes comme il s'en rencontre assez souvent en Italie.

Cette malheureuse, insensible en apparence à ce qui se passait, se tenait accroupie dans un coin de la grange.

Quand les Autrichiens jugèrent que le moment de fuir était venu, ils trouvèrent la porte bâtarde fermée; l'idiote avait disparu et avait tourné la clef dans la serrure.

Une compagnie de zouaves, qui avait eu particulièrement à souffrir du feu des deux escouades autrichiennes, se précipitait avec fureur sur la grange; l'idiote courut au-devant de nos soldats exaspérés et les guida. Ils arrivèrent au moment où les Autrichiens allaient s'échapper après avoir enfoncé la porte de l'écurie.

Les zouaves avaient perdu leur capitaine, un sous-lieutenant, presque tous les sous-officiers et près de quarante hommes par les balles de ces Autrichiens qu'ils tenaient au bout de leurs carabines; l'idiote poussait des cris sauvages ; l'acharnement de la lutte poussait à la vengeance...Les Autrichiens jetèrent leurs armes et se mirent à genoux ; les zouaves leur firent grâce, et non-seulement ils ne les tuèrent pas, mais ils ne les insultèrent point. Et pourtant, à Magenta, trois de nos officiers supérieurs avaient été retrouvés dépouillés de leurs uniformes, meurtris de coups de crosse; l'un d'eux avait même reçu vingt-sept coups de baïonnette !

On aurait pu user de représailles ; mais on s'en abstint, parce qu'en France le soldat est toujours gentilhomme.

Dans quelques endroits l'hostilité des habitants contre les troupes s'était manifestée par des traits de témérité que le patriotisme en délire peut seul inspirer.

En pénétrant dans la cour d'un hôtel, nos soldats trouvèrent sept ou huit Autrichiens étendus sur le sol et couverts d'entailles profondes d'où le sang s'échappait à flots. Près d'eux gisait le corps d'un domestique de l'hôtel, dont la main inerte était crispée contre le manche d'une hache.

Il y avait eu là un combat disproportionné entre ce domestique et les Autrichiens, au moment de la retraite de ces derniers.

Pendant que l'on examinait les résultats de cette lutte, on entendit des plaintes étouffées et des appels lamentables.

On regarda de tous côtés, on ne vit rien : les cris semblaient sortir des entrailles de la terre.

Enfin l'on remarqua que dans la cour il y avait un puits au fond duquel un homme se tenait accroché à un seau. On le retira. C'était un Tyrolien.

Il expliqua que, pour échapper à la redoutable hache du domestique qui le poursuivait, il n'avait vu d'autre ressource que de se laisser glisser dans un seau au fond du puits.

Dans une autre maison, on trouva dans un corridor un chien des Alpes qui se promenait fièrement autour d'un Croate étendu sans vie sur les dalles ; ce Croate avait été étranglé par le molosse, qui semblait s'enorgueillir de sa victoire.

Au bout du corridor, il y avait une chambre, et dans cette chambre une mère évanouie sur le berceau de son enfant qui pleurait.

Le chien, accompagnant nos soldats, vint lécher les mains de sa maîtresse, qui reprit ses sens, mais que l'on n'osa pas questionner par une délicatesse qu'imposaient les circonstances et que l'on comprend facilement.

A Marignan, un régiment français qui possédait une pie apprivoisée la perdit ; l'oiseau effarouché

par le bruit, s'était envolé, et l'on ignora pendant
quelque temps ce qu'il était devenu. On le regretta
beaucoup.

Cette pie parlait aussi bien que les perroquets
les mieux appris ; elle criait : Vive la France ! Vive
l'Italie ! A bas l'Autriche ! avec un enthousiasme
qui faisait la joie de nos soldats.

En route elle allait d'un fantassin à l'autre, se
posant sur les sacs et égayant la marche par des
propos dignes du célèbre Vert-Vert d'égrillarde
mémoire.

On apprit plus tard que la pie fugitive avait passé
à l'ennemi ; elle s'était attachée à un régiment de
la garde autrichienne dont les brillants uniformes
lui avaient plu, et elle avait choisi pour perchoir
l'épaule du colonel.

Celui-ci enchanté de cette privauté de l'oiseau,
lui avait fait bon accueil et l'avait comblé de caresses ; le colonel, parlant français, entretint avec

la pie une conversation peu édifiante, qui excita un rire universel dans l'état-major du régiment, lequel était en marche pour Montechiaro.

Tout alla bien jusqu'à l'entrée de cette ville ; les habitants regardaient en silence les Autrichiens défiler ; la pie, habituée aux ovations brillantes qui accueillaient les Français, fut frappée de ce mutisme, et pour provoquer les démonstrations enthousiastes qu'elle aimait sans doute, elle criait à gorge déployée :

— Evviva l'Italia ! Evviva Victorio-Emmanuele !...

Les habitants se mirent à rire, la pie redoubla ses clameurs.

Le colonel, furieux, voulut la saisir pour l'étouffer, mais elle le mordit et s'envola, cherchant sur le shako du gros-major une hospitalité moins périlleuse, et ne comprenant rien au caprice du colonel.

Elle recommença à acclamer l'Italie ; les habitants continuaient à rire au nez des Tudesques : le gros-major, furieux, se débarrassa de l'oiseau en le jetant en l'air avec sa coiffure. La pie chercha à se rabattre sur les simples soldats, qui lui firent mauvaise réception ; enfin elle s'envola sur les toits et, suivant le régiment de corniche en corniche, elle s'entêta à lui lancer comme un présage le cri de Vive l'Italie ! à la grande satisfaction des patriotes de Montechiaro.

Les Autrichiens furent encore plus profondément découragés par notre victoire de Marignan que par celle de Magenta. Ils attribuaient à une surprise leur défaite dans ce dernier combat. Ils prétendaient n'avoir été battus que faute d'être accoutumés à la tactique française : notre étrange manière d'aborder l'ennemi, en dehors de toutes les règles connues, les avait déconcertés. Mais, à l'avenir, les Autrichiens, faits à nos allures excentriques, espéraient nous infliger une rude leçon et comptaient nous apprendre à nos dépens qu'on ne sort pas impunément de l'ornière stratégique.

Nos adversaires avaient compris que notre principale force consiste dans la baïonnette, aussi avaient-ils juré de nous charger à l'arme blanche dans le plus prochain combat, qui fut celui de Marignan. Leur décision était bien prise et consacrée par les ordres du jour des généraux; en tête des instructions qu'on faisait circuler dans l'armée on lisait la *recette* suivante écrite en lettres majuscules :

*On brise l'élan par l'élan.*

C'était un colonel d'état-major qui avait trouvé cette formule d'un si bel effet sur le papier.

Donc c'était chose convenue ; à la première occasion flamberge au vent, ou plutôt baïonnette au bout du fusil, et hourrah ! sus au Français!...

Les chefs, donnant l'exemple, devaient se former en têtes de colonnes dans chaque régiment et entraî-

ner les soldats. En braves gens qu'ils sont, les officiers autrichiens tinrent parole à Marignan; pendant
l'assaut du cimetière, on les vit fusil en main se
grouper en avant de leurs bataillons, et s'élancer à
notre rencontre avec un magnifique courage ; mais
leur héroïque dévouement fut inutile à leur armée
et fatal à eux-mêmes.

· Les soldats ne suivirent pas leurs chefs et les
laissèrent seuls tomber sous le terrible coutelas qui
surmonte la carabine des zouaves.

Cette tentative avortée prouve suffisamment que
les théories, les exercices préparatoires et l'exemple ne peuvent transformer le tempérament d'une
armée.

La baïonnette est démocratique par excellence ;
elle· ne peut convenir à l'armée aristocratiquement
constituée de l'empire d'Autriche.

Il est regrettable que le combat de Marignan ait
commencé à une heure si avancée de l'après-midi ;

le corps de Mac-Mahon et plusieurs brigades du premier corps ne purent arriver à temps sur le champ de bataille, et pourtant les régiments français firent les plus grands efforts pour surmonter les obstacles opposés à leur marche.

La plupart des colonnes avaient dû abandonner le grand chemin pour suivre des sentiers à travers la campagne; à chaque instant il fallait s'engager dans des rivières couvertes d'eau à la surface et de vase au fond; aux rivières succédaient des prairies défoncées par les pluies et dans lesquelles on s'embourbait jusqu'au genou.

Mais on entendait le canon, on se souvenait de Waterloo, des fatales conséquences qu'un retard peut entraîner, et l'on s'arrachait péniblement, mais sans murmurer, du milieu des fondrières; rien n'est plus douloureux que cette lutte ingrate du soldat contre la fatigue, dans ces marches où l'on voit les espérances de victoire trébucher à chaque pas.

9

Plusieurs fois l'on rencontra des canaux d'irrigation que l'on dut traverser sans pont, avec de l'eau jusqu'aux épaules ; on se plaçait alors le sac sur la tête, la giberne autour du cou, et l'on se laissait glisser dans le ruisseau ; l'on en sortait grelottant et trempé jusqu'aux os, et l'on continuait à marcher. L'artillerie surtout éprouva des difficultés presque insurmontables dans cette étape.

A force d'énergie, d'activité et d'initiative, l'on surmonta tous les embarras..A un certain moment deux batteries se trouvaient fort empêchées sur le bord d'un canal.

Les deux rives étaient à pic ; que faire ? Un Parisien s'approcha des officiers et leur dit :

— Dans le faubourg Saint-Antoine, quand on voulait élever une barricade on entassait d'abord deux omnibus l'un sur l'autre ; j'aperçois là bas, près d'une ferme, deux charriots qui, jetés dans le canal, le combleraient : on formerait le tablier de ce pont avec les planches dont les fonds des charriots sont garnis.

L'idée était bonne, on se mit à l'œuvre ; dix minutes après, le cours d'eau était franchi.

A Marignan nous eûmes le mot d'une énigme cherchée vainement jusque-là.

Dans les causeries du bivouac nous nous étions demandé, maintes fois, dans quel but on choisissait un géant plutôt qu'un homme de taille ordinaire, pour remplir les fonctions de tambour-major ?

Etait-ce pour exhiber à titre d'échantillon le plus beau type de l'espèce humaine, en augmentant ses attraits de tout ce que les plumets, les panaches, les broderies étincelantes, les fourrures les plus riches, les bambous les plus gigantesques peuvent ajouter de grâce dans la démarche, de dignité dans la tenue, d'olympien dans l'aspect au spécimen le

plus parfait de Dieu, à l'image duquel l'homme est
fait, dit-on ?

Sans nier ce que cette explication a de spécieux
et même de probable, nous avons découvert une
autre raison d'être au tambour-major.

Etait-ce pour éblouir les dames en leur montrant à la tête du régiment un Apollon du Belvé-
dère, de façon à leur faire croire que tous les autres
troupiers ressemblaient à celui-là ?

(Dans le commerce, cette ruse *cousue de fil blanc*
s'appelle *parer le dessus du panier*.)·

Mais nous avons repoussé cette première suppo-
sition, pareille supercherie répugnant à la cheva-
leresque loyauté du troupier français.

Nous avions pensé aussi que l'on mettait peut-
être en évidence, ce géant paré d'une façon si pom-
peuse, comme le prototype par excellence du soldat,
comme le parangon, le *nec plus ultra* de la perfec-
tion militaire.

Mais nous ne pûmes admettre cette explication, car c'eût été rendre un hommage à la force brutale, si en honneur au moyen âge et peu estimée dans l'armée moderne, où l'adresse et l'agilité lui sont préférées. On ne mesure plus le courage à la toise, et les voltigeurs sont des soldats d'élite ; ce serait les humilier injustement que d'exalter le tambour-major en le posant pour soldat modèle ; et nous avions fini par regarder le tambour-major comme un reste curieux des armes d'autrefois, débris des temps passés que l'on conservait sans utilité aucune, par goût pour les antiquailles et au même titre que les mastodontes antédiluviens. Nous nous trompions, et nous le confessons en toute humilité: *errare humanum est.*

Le tambour-major est nécessaire et très-nécessaire, comme cela nous fut révélé à Marignan. Voici dans quelle circonstance :

Un régiment se trouvait en face d'un torrent,

le Lembro, grossi par les pluies ; l'eau était trouble et coulait rapide, il s'agissait de savoir si elle était profonde.

Le tambour-major, qui dépassait d'un pied les plus hauts grenadiers, comprit que c'était à lui de sonder le gué, et il entra dans le lit du Lembro : il eut bientôt de l'eau jusqu'aux épaules ; il fut dès lors parfaitement démontré que le gué était impraticable aux voltigeurs.

Ce trait nous a conduit à formuler ce principe : le tambour-major est spécialement chargé de sonder les canaux, rivières, fleuves, golfes, mers, bras de mer, océans et autres cours d'eau de toutes espèces.

Si Pharaon avait eu la précaution de faire sonder la mer Rouge par les tambours-majors de son armée, il aurait évité un désastre. Plaisanterie à part le tambour-major qui s'est jeté dans le Lembro, sans hésiter, a exposé sa vie très-courageusement, et a mérité, à bon droit, les félicitations que lui adressèrent ses supérieurs quand il remonta à bord.

Plusieurs compagnies du deuxième zouaves eurent un rôle très-désagréable à remplir pendant la bataille de Marignan.

Embusquées dans un canal, le long de la route de Lodi, ces compagnies avaient de l'eau jusqu'aux reins; dans cette eau bourbeuse et corrompue s'agitait tout un monde d'insectes, de larves, de vers, qui s'introduisaient dans le fond des larges pantalons des zouaves; le contact de cette population aquatique était fort désagréable.

Les sangsues surtout étaient très-acharnées contre nous ; ces affreuses bêtes noires affamées depuis longtemps sans doute, réparaient un long jeûne à nos dépens. .

Nous avions reçu la consigne de garder la plus complète immobilité, et il fallait se résigner à être dévoré tout vif.

Les grenouilles, les serpents d'eau, les salamandres, nous voyant parfaitement tranquilles, avaient fini par nous considérer comme des soliveaux et ne nous respectaient pas plus que celui dont parle le bon Lafontaine ; grenouilles, serpents et salamandres se glissaient sous nos vestes, grimpaient sur nos épaules, prenaient leurs ébats sans façon et nous exaspéraient. .

Il était assez difficile de trouver une distraction aux désagréments de cette position. Comme à certain bataillon de l'armée d'Egypte, posté dans un marais, on nous avait permis de nous asseoir et défendu de fumer, voire même de parler et de remuer.

Cela dura longtemps...

On s'attendait à voir l'ennemi opérer sa retraite sur la route de Lodi, et nous devions le surprendre, le faire prisonnier ou l'anéantir.

On pensait qu'il défilerait en bon ordre, par mas

ses compactes, opérant une de ces admirables retraites comme les Allemands savent en faire, au dire de leurs historiens militaires.

A la nuit noire, nous entrevîmes des petits pelotons qui fuyaient à toutes jambes ; on s'abstint de tirer pour ne pas donner l'éveil au gros de la colonne... mais la colonne ne parut pas... seulement les petits pelotons devinrent de plus en plus nombreux.

Nous comprîmes que les Autrichiens se sauvaient en proie à une profonde démoralisation : ils couraient pêle-mêle par groupes informes.

On leur envoya quelques feux de peloton et quelques volées de mitraille ; la cohue devint de plus en plus confuse, et bientôt les débris épars des régiments ennemis disparurent dans l'obscurité.

A Magenta, nous avons signalé une déroute semblable ; à Solferino, nous constatâmes une débâcle complète. Dans toute la campagne enfin, les retraites de l'armée autrichienne firent mentir sa réputation, de solidité.

Cependant on ne dégénère pas en quelques années.

Est-ce que les historiens allemands, abusant de la gravité que nous leur supposons, auraient fait l'histoire de leurs guerres, comme Perrault faisait ses contes? Nous inclinons à le croire.

La victoire de Marignan eut pour conséquence immédiate l'abandon de Pavie et de Pizzighettone par l'ennemi, qui nous supposa l'intention de pousser notre droite jusqu'au Pô, par lequel l'une de nos ailes aurait été couverte.

Mais au lieu d'opérer ce mouvement, l'armée française se replia sur Milan d'abord et de là fit une marche de flanc sur Brescia ; l'ennemi, qui s'était étendu jusqu'au Pô, ne put opposer que son extrême droite à toutes nos forces réunies ; son centre et sa gauche, chaque jour débordés durent se replier en toute hâte. C'est ce qui explique comment nous avons pu parcourir sans combat les trente lieues qui séparent Milan de Brescia; passer l'Adda, l'Oglio et la Thiese ; gagner enfin une immense étendue de terrain, chose très-importante dans une guerre d'émancipation, où le pays conquis fournit aussitôt des secours en hommes et en vivres.

Pendant cette marche où nous prêtions le flanc et où nous avions un grand désavantage par conséquent, l'armée autrichienne aurait pu donner, au milieu de nos corps d'armée, un grand coup de bélier qui aurait probablement désorganisé nos divisions. Les généraux de François-Joseph manquèrent d'audace encore une fois.

. Le proverbe *Audaces fortuna juvat* n'est pas en honneur dans les états-majors allemands.

Nous redoutions tellement une attaque que nous n'avancions qu'avec les plus grandes précautions, protégés à gauche par trois divisions, à droite par les Piémontais ; pour ne pas laisser de vides entre les corps d'armée, on faisait trois lieues par jour environ. L'armée franco-sarde était si bien massée, qu'en relevant les *quatre coins d'un mouchoir,* disait un zouave, ont l'eût enlevée tout entière.

Nous appréciions parfaitement les dangers de notre situation ; quand nous eûmes gagné Brescia, chacun se sentit soulagé d'une grande appréhension.

Brescia est une ville fortifiée ; sa population belliqueuse pouvait nous être d'un grand soutien ; c'était désormais notre base d'opérations. On campa pendant plusieurs jours aux environs de cette ville; puis, on changea encore une fois de front, prenant Mantoue pour objectif. A cinq lieues de Brescia s'étend la plaine de Montechiaro ; c'est une espèce de steppe immense, sablonneuse, aussi unie qu'un lac, et qui a dû être couverte d'eau dans des temps reculés. On pensait que les Autrichiens nous livreraient là une bataille où leur cavalerie, si renommée et si nombreuse, jouerait le principal rôle.

La cavalerie est en grand honneur dans l'armée autrichienne, c'est parmi ses généraux que l'on choisit les commandants en chef des corps d'armée. Nous espérions voir une de ces mêlées gigantesques où deux, trois, quatre cents escadrons s'ébranlent à la fois ! mer d'hommes et de chevaux, dont les vagues tumultueuses viennent s'abattre avec un épouvantable fracas sur la digue de falaises vivantes que forment les carrés d'infanterie !...

Toutes les dispositions étaient prises pour recevoir les uhlans, quand l'armée française se déploya dans la plaine ; nous regardions avec orgueil nos magnifiques divisions s'avancer dans un ordre parfait, tambour battant, enseignes déployées : chacun avait le sentiment intime de la force de tous, tous les fronts rayonnaient d'orgueil, tous les yeux étincelaient d'audace. Nous avions la conviction profonde d'arrêter devant un mur de baïonnettes l'avalanche que l'on s'attendait à voir déboucher de Montechiaro.

Nous eûmes là un exemple éclatant de la façon dont le moindre soldat français s'identifie avec la pensée des chefs ; toutes les idées étaient aux carrés ; on ne parlait que de carrés. A chaque instant un grognard criait :

— Eh ! les enfants, n'oubliez pas de piquer les chevaux au nez, cela les fait cabrer et les cavaliers sont désarçonnés.

— Attention ! — disait un autre, — on vise les chevaux à douze cents mètres, les cavaliers à cinq cents, et on réserve un feu nourri pour la tête de colonne quand elle arrive à cent pas.

Un autre ajoutait :

— Les tirailleurs qui n'ont pas le temps de rentrer dans les carrés doivent se rallier aux angles, près des canons, en mettant un genou en terre.

Puis une voix d'officier criait :

— Qu'on soit de bronze, enfants ! l'honneur de l'infanterie française est engagé aujourd'hui...

— Soyez tranquille, capitaine, — répondait-on; — les vivants tiendront les morts debout, on les poussera et ils ne tomberont pas.

Ceci avait trait à ce mot de Napoléon sur les Russes : « Il ne suffit pas de les tuer, il faut les pousser » pour les jeter à terre. »

Les conseils se suivaient sans relâche.

Au moindre signe, au premier coup de clairon, les divisions se fussent transformées comme par enchantement en citadelles redoutables.

Par des motifs inconnus, les Autrichiens s'abstinrent de profiter de la seule occasion qui pût se présenter dans cette guerre de se servir de leur cavalerie.

Faudrait-il attribuer cette abstention à la crainte d'une défaite ? C'est probable.

En effet, depuis les perfectionnements apportés aux armes à feu, le rôle de la cavalerie est changé ; avec des canons rayés et des carabines Minié por-tant à quinze cents mètres, avec des carrés sur quatre rangs d'épaisseur et appuyés par des sections de soutien, il est impossible à la cavalerie d'entamer l'infanterie.

Il y a donc une grande réforme à faire.

La grosse cavalerie qui servait à enfoncer les bataillons doit être supprimée et remplacée par des escadrons légers. Les services que notre cavalerie doit nous rendre, consistent à achever les déroutes; à éclairer nos marches, à harceler l'ennemi, triple mission d'une immense importance.

Il est nécessaire de donner à nos cavaliers des chevaux arabes, véritables chèvres capables de grimper partout, montures admirables que rien ne fatigue. Lorsque cette grande transformation aura été opérée, nous aurons la plus belle et la plus utile cavalerie du monde. L'argent que coûtent les gros escadrons dont on ne peut plus faire usage, permettra d'augmenter le nombre des régiments légers dans une proportion considérable. Et il ne faut pas croire pour cela que le rôle de notre cavalerie serait amoindri. Loin de là ! il deviendrait plus actif, plus brillant encore que par le passé ; elle fournira des nuées d'éclaireurs, qui harcèleront sans cesse l'ennemi, et qui compléteront ses défaites. Les officiers, à la tête de leurs détachements, pourront déployer une initiative, une bravoure, une intelligence qui se font jour facilement dans les escarmouches, mais qui ont rarement l'occasion d'éclater dans les grandes charges d'ensemble. Chacun, si peu qu'il soit dans la hiérarchie, pourra se mettre en lumière.

' Il y a nombre de militaires qui n'admettront qu'avec peine l'idée de renoncer à la grosse cavalerie. Ce sont précisément ceux-là même qui ont

fait la plus vive opposition aux progrès dont s'e-
norgueillit notre armée. De tous temps et dans toutes les carrières il a existé des hommes bornés qui
mettent leur honneur et leur bonheur à entraver la
marche du progrès.

# CHAPITRE VIII

## MŒURS MILITAIRES

Les combats simulés des champs de manœuvres ressemblent très peu aux véritables batailles, dont on se fait une idée très fausse après avoir assisté des hauteurs du Trocadero à la prise du pont d'Iena, lequel n'est défendu que par des cavaliers de pierre.

On se figure généralement que les bataillons
marchent au feu en bel ordre, l'arme au bras, rangs
alignés; qu'à une certaine distance les adversaires
s'arrêtent, se saluent s'ils sont en veine de courtoi-
sie (comme à Fontenoy), s'envoient réciproquement des volées de coups de fusil, puis s'avancent
(toujours alignés), la baïonnette croisée, jusqu'au
moment où ils s'enferrent mutuellement. Les choses se passaient ainsi jadis, dit-on; nous avons
peine à le croire, mais des historiens sérieux l'affir-
ment : gardons-nous de les contredire.

En Afrique, en Crimée, en Italie, nous n'avons
jamais rien vu de pareil; voici comment on procé-
dait : Chacun des corps composant l'armée avait à
enlever une position formant ce qu'en stratégie on
appelle *un objectif*. Le général en chef, après avoir
donné ses instructions, ne peut qu'en surveiller de
loin l'exécution, dont les détails et souvent même
l'ensemble lui échappent; quand on se bat sur une

espace de quatre ou cinq lieues d'étendue semé de forêts, hérissé de cóllines, on ne peut tout voir.

Le commandant d'un corps d'armée donne ensuite à telle division l'ordre de s'emparer d'un village, à telle autre il commande d'escalader un mamelon ; il garde, quand il le peut, une réserve sous sa main ; puis à son tour il surveille, autant que le terrain le permet, les mouvements des troupes qu'il a engagées.

Le général de chaque division dispose ses deux brigades selon les obstacles qu'il a devant lui.

Chaque brigade se compose de deux ou trois régiments d'infanterie ; la première possède en outre un bataillon de chasseurs à pied. Toutes deux ont quatre pièces de canon, un détachement du génie, un peloton de cavalerie.

Supposons que la première brigade d'une division attaque un coteau de front pendant que la seconde brigade le tourne. L'artillerie envoie ses

boulets sur l'ennemi pendant que l'infanterie marche à sa rencontre. Les bataillons, massés autant
que possible dans des plis de terrain, envoient plusieurs compagnies de tirailleurs en avant. Ces
tirailleurs, disséminés dans les haies, abrités par
des arbres, des pans de mur, des fossés, engagent
l'action et se rapprochent peu à peu des troupes
ennemies qui leur font face.

A mesure que cette ligne de tirailleurs gagne du
terrain les bataillons s'avancent. Quand le colonel
d'un régiment juge le moment propice, il lance ses
bataillons en avant. A partir de ce moment chaque
soldat court droit devant lui ; les rangs sont rompus, il n'y a plus ni ordre ni chefs ; chacun pousse
le cri de guerre et suit sa propre inspiration ; à
partir de ce moment aussi tout soldat s'appartient
et agit à sa guise ; le régiment roule comme une
bande indisciplinée vers l'ennemi et tombe sur lui
avec la fougue que donne un pareil élan. Si nos

adversaires par prudence se sauvent avec une énergique rapidité pour éviter l'effusion du sang, on les
poursuit.

Les bulletins autrichiens trouvaient cette façon
d'agir peu délicate; mais cela se fait. Le désordre
augmente, et les bataillons, parfois même les régiments, se confondent. Il arrive souvent que l'on
emporte ainsi du premier élan et sans reformer les
rangs deux ou trois positions successives. Si des
renforts arrivent à l'ennemi et arrêtent nos troupes,
celles-ci sentent le besoin de se réorganiser; quand
les circonstances le permettent, chacun rallie son
bataillon ; dans le cas contraire, on fait comme on
peut.

Nous avons vu à Magenta des pelotons s'improvi-
ser sous le feu et se conduire avec une bravoure et
une intelligence admirables, quoique présentant
les plus divers uniformes : zouaves, légion étrangère, chasseurs, voltigeurs et grenadiers de la ligne

s'y trouvaient mêlés sous la conduite d'officiers de différentes armes. Nous avons remarqué entre autres un artilleur qui portait un écouvillon en guise de massue. Nous voilà bien loin des bonshommes en pain d'épice que certains peintres alignent dans leurs tableaux avec tant de précision.

L'armée autrichienne se bat pourtant avec méthode et pratique encore les feux de bataillon par rangs avec le succès que l'on sait. Cette fusillade est insensée, disent nos soldats ; à quoi bon se parler à travers le tuyau d'une carabine, quand il est facile de s'entendre de près ? Une minute à peine de conversation à distance de baïonnette, et l'on sait à quoi s'en tenir.

Le correspondant d'un journal anglais demandait un jour à un zouave pourquoi les Allemands ne se battaient pas à l'arme blanche ; pourquoi au contraire les Français avaient une prédilection marquée pour ce genre de lutte.

— Car, — disait l'Anglais, — il me semble que, si les Allemands voulaient, ils feraient comme vous.

— Ils ont voulu, — répondit le zouave ; ils ont essayé à Marignan ; cela n'a pas réussi.

— Pourquoi ? — répéta encore le journaliste anglais.

— Venez ! dit le zouave impatienté ; —vous allez avoir une réponse. Emmenez votre chien.

Le chien était un superbe bouledogue.

L'Anglais le siffla et suivit le zouave jusqu'auprès d'une ferme sur laquelle un mâtin faisait tranquillement la sieste.

— Lancez votre chien contre celui-là, — dit le zouave à l'Anglais.

— Pourquoi ? — demanda ce dernier.

— Allez toujours ! vous verrez après !

Le bouledogue tournait déjà avec des démonstrations menaçantes autour du mâtin, qui s'enfuit traînant son ennemi pendu à son cou.

10

— Voilà ma réponse, — dit le zouave. — Chaque race a un courage particulier que l'éducation peut modifier, mais qu'elle ne donne pas. Les plus vigoureux coups de fouet n'inspirent pas au chien de Jean de Nivelle le dévouement du chien de Montargis, et le meilleur veneur ne donnera pas du flair à un roquet.

L'Anglais se tint pour satisfait de l'explication.

Une grande quantité de marchands suivent les armées et font un commerce très-lucratif.

On cite plusieurs de ces marchands qui ont rapidement acquis des fortunes considérables.

Une compagnie de grenadiers de ligne d'avant-garde rencontra un petit italien de quatorze ans environ, qui pleurait sur le bord d'un fossé. L'enfant, questionné sur la cause de son chagrin, répondit que les Autrichiens avaient trouvé dans la cabane de son père un fusil de munition et des cartouches, et qu'à cause de ce fait ils l'avaient fusillé.

— N'avais-tu pas d'autres parents ? — demandè-
rent les grenadiers avec intérêt.

— Non, — répondit l'enfant.

— Comment vas-tu faire pour vivre ?

— Je ne sais.

— Alors, viens avec nous ! dirent les grenadiers.

Ils emmenèrent l'orphelin.

Une fois arrivés au bivouac, les soldats délibérè-
rent sur le sort de leur enfant adoptif ; un sergent
proposa d'en faire un cantinier et de fournir les
premiers fonds de son commerce. Les grenadiers
acceptèrent cette offre. Le lendemain matin, le sergent remit à l'orphelin une gourde pleine de cognac
et un gobelet d'étain ; il engagea son protégé à
parcourir les rangs pendant les marches et à verser
la goutte (style militaire) aux soldats. L'enfant suivit avec intelligence les instructions du sergent, et
le soir il vint rejoindre la compagnie de grenadiers
avec une pièce de cinq francs.

Le sergent lui expliqua qu'il pouvait gagner chaque jour une pareille somme en continuant son petit trafic, ce que l'orphelin ne manqua pas de faire. Ceci se passait au début de la campagne. Un combat eut lieu, les grenadiers qui y avaient pris part échangèrent un cheval hongrois tombé entre leurs mains contre un âne dont ils firent présent à leur protégé.

Celui-ci, augmenta le chiffre de ses affaires ; connaissant le pays, il sut se procurer à bon compte du sucre et du café ; il obtint peu à peu la fourniture du bataillon ; il s'associa avec une cantinière, et il parvint à approvisionner l'ordinaire de plusieurs régimènts.

Les comptes, liquidés à la fin de la guerre, donnèrent au petit italien un très-fort bénéfice. Le sergent qui l'avait particulièrement protégé avait servi longtemps en Afrique; il avait souvent parlé de ce pays à l'orphelin ; ce dernier apprit qu'une trentaine de mille hommes allaient faire campagne au Maroc : il s'embarqua pour Nemours, acheta des mulets et recommença son commerce. Il avait réalisé une somme de trente mille francs à la fin de l'expédition. Depuis, devenu presque un homme d'enfant qu'il était, il fit, toujours en trafiquant, une autre campagne dans le Maroc avec les Espagnols; plus tard, il s'embarqua pour la Chine et acheta aux soldats des parts de butin à un prix minime. Il nous a montré une émeraude plus grosse qu'une noisette, payée un franc à une cipaye.

Ce jeune homme se trouve aujourd'hui, à vingt ans, possesseur d'une fortune d'environ cent quatre vingt mille francs ; il se propose d'acheter des terres en Algérie et de les faire cultiver par d'anciens soldats de l'armée d'Afrique.

Il a déjà choisi pour régisseur le sergent qui lui a donné autrefois le conseil et le moyen de se

mettre commerçant. C'est un homme énergique
qui connaît l'Algérie à fond, et nous sommes con-
vaincu qu'il réussira à faire prospérer la concession
de son ancien protégé.

On sait que les Auvergnats ont le monopole de
plusieurs petits métiers, entre autres celui d'éta-
meurs.

Tout homme a son ambition ; celle d'un étameur
est d'obtenir la clientèle d'une caserne; c'est plus
difficile qu'on ne l'imaginerait. Il faut inspirer de
la confiance à l'adjudant du quartier, entrer dans
les bonnes grâces des sergents de chambrée, se
mettre au mieux avec les caporaux d'ordinaire.

Un enfant de l'Auvergne, à force de diplomatie
(où la diplomatie ne va-t-elle pas se nicher?) avait
obtenu le monopole du rétamage dans une caserne
de Lyon. Quand la guerre d'Italie éclata, deux
régiments partirent ne laissant que leurs dépôts en
France : c'était la ruine de l'Auvergnat.

Les soldats, le voyant désolé, l'engagèrent à les suivre avec son matériel ; ils l'assurèrent qu'il aurait beaucoup de besogne en campagne, parce que les ustensiles de campement s'abîmaient et s'usaient rapidement.

L'Auvergnat se mit en route; il eut si peu de concurrents qu'il ne pouvait y suffire. Aussitôt que les bivouacs étaient établis, il se plaçait sur le front de bandière d'un régiment, allumait son feu, préparait son étain, puis il battait un rappel prolongé sur une vieille marmite. Les soldats comprenaient ce signal, et ils apportaient à redresser leurs ustensiles en mauvais état.

Cet étameur avait un magot assez lourd à la fin de la campagne.

C'était du reste un plaisant original : il donnait des bals tous les dimanches à ses compatriotes. Il faisait savoir dans les compagnies qu'il se trouverait tel dimanche avec tel régiment ; tous les Auvergnats du corps d'armée accouraient ; l'étameur composait son orchestre tout seul. Il s'attachait, comme le font certains saltimbanques, des sonnettes aux bras, des grelots sur la tête et un tambour derrière le dos ; au tambour était adaptée une baguette qui se manœuvrait à l'aide d'une ficelle correspondant au pied ; une autre ficelle partant du même pied aboutissait à des cymbales arrangées sur les flancs du tambour ; les deux mains restant libres, l'étameur s'en servait pour jouer du trombone, son instrument favori.

Quand les danseurs étaient en place, l'Auvergnat criait : Une, deux, trois ! et il commençait son vacarme, marquant tant bien que mal le rhythme d'une bourrée de son pays. C'était tout ce que demandaient les centaines de danseurs qui se trémoussaient de toutes leurs forces. Peu à peu, le musicien, emporté par son ardeur, se mettait à sauter sur un pied, et, sans cesser de jouer, dansait aussi sur une seule jambe. A la fin du bal, il était si fatigué qu'il tombait épuisé.

Il advint un soir qu'un nègre du régiment indigène passa près d'un de ces bals, et, excité par une musique qui ressemblait quelque peu à celle de son pays, il gambada une bamboula frénétique. Enchanté de sa soirée, il la raconta à ses camarades, et, le dimanche suivant, les nègres du régiment de turcos se mêlèrent aux Auvergnats, amenant comme renfort au virtuose étameur un tambour de basque arabe, deux joueurs de flûte kabyles, un pinceur de guitare espagnol de la légion étrangère, plus trois Bretons qui soufflaient du biniou. Le rétameur resta chef d'orchestre et donna le signal ordinaire. Chaque artiste joua son air propre, sans s'inquiéter du voisin, et le continua intrépidement. Un pareil tapage enthousiasma les nègres ; ils témoignèrent leur satisfaction par des bonds démesurés. Les Auvergnats de leur côté ne

se sentaient pas d'aise ; ils se démenaient avec
frénésie. Jamais le bal n'avait été aussi beau; il
recommença dans les mêmes conditions tous les
dimanches.

Nous avons fait souvent une lieue et plus pour
assister à ce spectacle des plus comiques.

La principale préoccupation d'un général est de
deviner les projets de son adversaire ; il semble
facile d'observer les marches et les contre-marches
d'une grande armée ; cent mille hommes ne se
cachent pas dans un ravin. Cependant on ignore le
plus souvent les desseins de l'ennemi, malgré tous
les moyens d'observation dont on dispose.

Chaque jour et chaque nuit on lance des patrouilles de cavalerie qui ont mission de battre le pays,
on pousse des reconnaissances avec des divisions
entières, et on livre des combats sanglants pour
évaluer les forces que l'on a devant soi ; les habitants des villages que l'on traverse sont obligés de

donner des renseignements de la véracité desquels
leur tête répond; enfin des espions nombreux
apportent à chaque instant des nouvelles aux états-
majors. D'après toutes les indications recueillies
ainsi, deux généraux en chef combinent leurs
mouvements de façon à se rencontrer pour livrer
bataille : les deux armées se mettent en marche, et
après plusieurs étapes on est fort étonné des deux
côtés en apprenant qu'on s'est éloigné au lieu de se
rapprocher. D'autres fois, les deux armées manœu-
vrent de façon à s'éviter réciproquement, et un beau
matin elles se trouvent inopinément en face l'une
de l'autre. Cependant, patrouilles, reconnaissances,
espions avaient fait les rapports les plus clairs, les
plus précis, sur la position de l'ennemi !

Ces erreurs ont pour cause le soin avec lequel les
généraux cherchent à dissimuler leurs plans; il
n'est pas de ruses qu'ils n'emploient pour y arriver.
Dans la dernière campagne, par exemple, les Au-

trichiens avaient passé le Mincio et abandonné
Solferino pour nous inspirer une fausse sécurité.
Ils repassaient le fleuve dans la nuit et nous livraient
bataille au moment où nous nous y attendions le
moins. De leur côté, les généraux autrichiens, trompés par notre marche rapide, nous supposaient
encore derrière la Chiese, que nous avions traver-
sée depuis deux jours. L'histoire de la guerre fournit de nombreuses surprises de ce genre.

Les patrouilles et les reconnaissances ne peuvent
que harceler l'ennemi aux avant-postes, les grands
mouvements qui s'opèrent en arrière des lignes leur
échappent. Les espions, il est vrai, se glissent au
milieu des armées, mais il ne leur est pas possible
d'observer l'ensemble des opérations ; ils voient un
régiment, une brigade partir pour une direction
inconnue ; la marche des brigades voisines leur
échappe. Or, il arrive souvent que des régiments
lèvent le camp et se mettent en route dans l'unique

but d'induire l'ennemi en erreur. *Tromper l'espion* est un terme consacré dans le vocable de nos troupiers. Que de fois dix ou douze mille soldats ont marché toute une longue journée pour faire naître des suppositions erronées dans l'esprit d'un seul homme qui les observait caché dans quelque pli de terrain. Un jour, en Afrique, un zouave crut reconnaître dans un camp un Kabyle ennemi sous la robe d'un juif.

Le zouave courut trouver le général, et lui parla de ses soupçons. Le général envoya l'un de ses officiers, appartenant aux bureaux arabes, pour vérifier le fait. L'officier revint annoncer que le zouave ne s'était pas trompé.

Aussitôt le général fit lever le camp, et, quand les rangs furent formés, on lut un ordre du jour annonçant que la colonne allait se porter sur l'extrême gauche des montagnes occupées par l'ennemi, pour enlever ce point le lendemain matin à l'aurore.

11

Le soir, on arriva au lieu désigné.

L'espion kabile était parti en toute hâte, et il avait annoncé à ses compatriotes la nouvelle importante qu'il venait d'apprendre. Tous les contingents des montagnes se portèrent dans la direction indiquée et organisèrent une vigoureuse résistance. On voyait briller dans la plaine les feux des zouaves qui éclairaient leurs petites tentes

A dix heures du soir, le général français ordonna à ses troupes de jeter des monceaux de bois sur les foyers, de laisser les tentes debout, de prendre des vivres et des cartouches, et de sortir du camp sans bruit. La colonne fit sept lieues en quatre heures et se trouva à l'aurore en face des villages situés sur la droite des montagnes, dépourvues de défenseurs. Les crêtes furent rapidement enlevées, et les Kabiles durent se soumettre presque sans combats.

Les espions se trouvent souvent dans des situations très-dangereuses.

Au début de la campagne d'Italie, deux jeunes hommes d'un bourg des États romains convoitaient la main d'une des plus jolies filles du pays. Malheureusement pour eux la jeune fille avait une dot et ses parents exigeaient des prétendants une certaine somme que ceux-ci ne possédaient pas.

La guerre éclata sur ces entrefaites, et les jeunes gens conçurent en même temps le même projet ; ils prièrent la famille de la jeune fille d'attendre leur retour pendant quelques mois, promettant tous deux de revénir riches.

Il y avait dans leur bourg un vieillard qui avait gagné une fortune assez ronde en servant d'espion à l'armée de Beaulieu ; les deux prétendants avaient résolu d'imiter l'exemple de ce vieillard.

Seulement Pietro, l'un, fit ses offres de service à l'état-major autrichien ; Julio, l'autre, se présenta à un général piémontais.

Tous deux furent bien accueillis. Sous les habits

de marchands d'eau-de-vie, ils exercèrent leur dan-
gereux métier, ignorant toutefois qu'ils exerçaient
la même profession dans des camps opposés. Un soir,
Julio, l'espion piémontais, vendait son eau-de-vie
dans un camp autrichien, quand il aperçut Pietro,
son rival, qui le regardait avec un sourire railleur.

Julio comprit qu'il était perdu.

Un espion pris est presque aussitôt pendu, ou
bâtonné jusqu'à ce que mort s'en suive, ou fusillé ;
cela dépend des us et coutumes des armées. Les
Anglais pendent, les Russes bâtonnent, les Français
fusillent, les Autrichiens usent indifféremment de
ces supplices.

Pietro s'avança vers un officier et lui dit quelques
mots en désignant son rival ; l'officier cria aux soldats de s'emparer de Julio, qui fut en une heure
jugé, condamné à mort.

Un peloton de fantassins lombards au service de
l'Autriche dut exécuter la sentence.

La guerre se termina.

Pietro retourna dans son pays, riche et débarrassé de son concurrent.

Ginna, la jeune fille, aimait Julio, elle accueillit fort mal son rival, qui en fut consolé par la reception des parents ; ceux-ci, en effet, étaient résolus à l'accepter pour gendre.

Ginna voulut refuser et attendre le retour de Julio, dont on ignorait la mort ; mais Pietro, sans expliquer le rôle qu'il avait joué, fit en secret toutes les démarches nécessaires pour prouver le décès de son rival ; il obtint bientôt des pièces authentiques constatant que Julio, espion italien, avait été fusillé. Ginna désolée demanda encore un délai pour pleurer celui qu'elle aimait ; elle l'obtint ; mais enfin, tourmentée par sa famille, elle dut se résigner à épouser Pietro.

C'était à l'époque où les Marches s'annexaient au Piémont ; les gendarmes pontificaux avaient quitté le bourg la veille même du mariage de Ginna.

Le lendemain, au moment où la mariée entrait dans l'église, elle entrevoyait derrière un pillier un homme qui ressemblait si fort à Julio qu'elle poussa un cri d'effroi et s'évanouit.

C'était bien Julio.

Le jeune homme avait pu échapper à la mort, grâce à la pitié sympathique des Lombards et de l'officier qui devaient le fusiller.

Il répugnait à ces soldats de tuer un Italien servant la cause de la patrie.

Pietro avait été épouvanté en reconnaissant son rival encore vivant. _

En ce moment, les tambours d'un détachement piémontais résonnèrent dans les rues du bourg ; Pietro voulut s'enfuir, mais Julio l'arrêta. Les gens de la noce restaient silencieux et effrayés. Julio dit à son ennemi : — Les Piémontais sont maîtres du bourg ; je pourrais à mon tour te dénoncer et te faire condamner à mort. Je préfère me venger autrement. Prends ton couteau et suis-moi. Pietro hésitait.

— Prends garde, — dit Julio; — si tu refuses de te battre, je vais de ce pas parler aux officiers pié-montais.

Pietro n'hésita plus.

Les deux adversaires sortirent de l'église et se trouvèrent dans le cimetière, où, par un hasard étrange, une fosse nouvellement creusée attendait un mort.

— Tu tomberas là, — dit Julio en montrant la tombe à son ennemi qui frissonna.

Les invités de la noce faisaient cercle; le duel s'engagea, et Pietro, blessé à mort, roula dans la fosse comme le lui avait annoncé son ennemi. Il fut peu regretté par les patriotes du bourg.

Quelque temps après Julio épousa Ginna.

Ce Julio était du reste un homme d'une rare

énergie. Quoique marié, il suivit Garibaldi dans son expédition de Sicile, et devint lieutenant dans une compagnie de volontaires; il fit vingt-cinq prisonniers, avec trois garibaldiens qui l'accompagnaient dans une reconnaissance, la veille de la bataille de Volturne. Il porte pour ce fait la croix des saints Maurice et Lazare.

Pendant que Garibaldi marchait sur Varèse, les comités patriotiques lui faisaient parvenir des munitions avec l'aide d'émissaires dévoués.

Ces derniers, pour accomplir leur mission, prenaient toutes sortes de déguisements; malgré leurs ruses, plusieurs d'entre eux eurent le malheur de tomber entre les mains des Autrichiens, qui les fusillèrent sans pitié.

L'un de ces émissaires traversait une contrée sillonnée de patrouilles ennemies ; il avait un mulet chargé de plusieurs barils, dont deux contenaient de l'eau-de-vie et un de la poudre.

Un peloton de hussards hongrois arrêta ce patriote et lui demanda où il allait.

Il répondit qu'il transportait de l'eau-de-vie à Varese pour le compte d'un débitant.

Les hussards avaient soif, ils voulurent défoncer un baril pour boire ; il se trouva justement qu'ils tombèrent sur celui qui contenait la poudre.

L'Italien pensa que c'en était fait de lui : il résolut de ne pas mourir seul.

Pendant que les hussards défonçaient un baril à coups de sabre, l'Italien bourrait sa pipe et faisait flamber une allumette ; quand à travers les planches disjointes la poudre apparut, il jeta l'allumette dessus et se précipita à terre. Il y eut une détonation terrible ; la plupart des hussards furent tués, blessés ou au moins renversés ; le patriote en fut quitte pour des brûlures douloureuses ; il se releva, parvint à saisir un des chevaux des hussards et s'enfuit. Dans l'armée garibaldienne, on l'appela toujours depuis l'homme au baril.

Les paysans italiens donnèrent pendant toute la campagne de grandes preuves de patriotisme; interrogés par l'ennemi sur les mouvements des alliés, ils leur donnaient de faux renseiguements, s'exposant ainsi aux plus mauvais traitements. Quelque temps avant le combat de Palestro, un bataillon autrichien reçut l'ordre de s'emparer d'un mamelon occupé par un détachement piémontais assez considérable.

Les Autrichiens imaginèrent un moyen facile de braver le feu de leurs adversaires; ils rassemblèrent quelques centaines de femmes et d'enfants dans les villages voisins, les placèrent devant leur tête de colonne et marchèrent ainsi à l'assaut.

Les Piémontais n'osaient pas tirer, et pourtant les malheureuses femmes, que les Autrichiens poussaient en avant à coups de crosse, criaient :
« Feu! feu! »

Les bersaglieri, heureusement, n'en firent rien ; quand l'ennemi fut à cent pas, ils sortirent de leurs retranchements, et, quoique très-peu nombreux, ils les mirent en déroute à l'arme blanche.

Or, voici qui va paraître invraisemblable.

Les Autrichiens firent passer une note à l'état-major italien pour se plaindre de ce que les bersaglieri n'avaient pas fait quartier dans les circonstances énoncées ci-dessus.

On leur répondit en faisant publier dans le bulletin de la guerre les détails odieux que nous avons relatés.

Les Autrichiens avaient exalté par leurs déprédations la haine des paysans. On raconte des actes de vengeance qui dénotent une grande exaspération.

Un détachement de Croates s'était établi en avant-poste dans une ferme ; ces Croates se mirent à dévaliser la basse-cour.

Il n'y avait dans la ferme que des femmes, et un jeune homme énergique qui fit quelques observations à l'officier, lequel haussa les épaules dédaigneusement.

Le jeune homme insista pour obtenir que l'officier donnât l'ordre à ses hommes de mettre un terme à leurs rapines; déjà les Croates mettaient les armoires au pillage.

L'officier autrichien, lassé des observations de son hôte, le frappa brutalement ; l'Italien contint sa colère et se résigna. Mais bientôt il entendit des cris dans la cour de la ferme.

Il sortit, et il aperçut sa plus jeune sœur, une enfant de sept ans, qui pleurait ; elle avait le visage meurtri et ensanglanté.

Un Croate avait souffleté la pauvre petite parce qu'elle avait jeté ses faibles bras au cou de sa chèvre favorite qu'on allait égorger.

Le frère, indigné, fit appeler sa mère et ses

sœurs; il les engagea à se sauver par les champs dans la direction des avant-postes français; on le questionna pour connaître son dessein, mais il refusa de répondre et pressa le départ de sa famille.

Quand il fut seul, il attendit la nuit en rôdant autour de la ferme et en examinant attentivement la places des sentinelles.

Vers minuit, le jeune homme se glissa dehors; on se défiait d'autant moins de lui qu'il n'avait opposé que la résignation aux insultes et aux mauvais traitements.

Quelques instants après, une ombre se glissait lentement vers une sentinelle et se dressait derrière elle: la lame d'un poignard brillait dans l'obscurité et la sentinelle tombait frappée à mort !... Le jeune homme avait choisi pour première victime celui qui avait frappé sa sœur.

Cela fait, il prenait le fusil et la giberne du mort,

rentrait dans la ferme, bourrait dans une marmite
de fer les soixante cartouches que contenait la
giberne, transformait ainsi un pacifique instrument
de cuisine en un redoutable engin de guerre, et le
jetait allumé au milieu des Croates qui dormaient
dans la cour.

L'effet de cette bombe improvisée fut terrible; au
bruit du fer tombant sur le sol, les soldats s'étaient
dressés ; les balles et les éclats des projectiles firent
un ravage effrayant.

L'officier, au bruit de la détonation, sortit de la
chambre où il dormait : dans le couloir il rencontra
le jeune homme, qui lui barrait le passage, la baïonnette au bout du fusil.

L'officier avait des pistolets ; il les déchargea sur
son adversaire qui reçut deux balles, mais qui eut
le temps, avant de mourir, de clouer d'un coup de
baïonnette l'Autrichien au mur. Quand notre avant-
garde arriva le matin même, elle trouva le malheu-

reux officier râlant encore dans cette position, mais ne pouvant se dégager. La cour était remplie de mourants et de morts, les sentinelles s'étaient enfuies, abandonnant sacs, fusils et butin dans leur panique. Quant à l'Italien, il avait cessé de vivre.

Les habitants des fermes voisines le regardent comme un héros, malgré la sauvage et sanguinaire énergie de son caractère, justifiée, disent-ils, par la conduite des troupes ennemies qui excita une réprobation universelle..

Les faits de ce genre sont plus nombreux qu'on ne se le figurerait.

Le contact de cent mille hommes avec la population des pays qu'ils traversent donne lieu nécessairement à des incidents multipliés.

Un espion avait proposé à un détachement de cavalerie d'enlever pendant la nuit un avant-poste français ; il désigna en même temps deux bracon-

niers d'un village voisin comme devant être d'excellents guides. Le détachement, en arrivant au
village habité par les braconniers, les emmena de
force; une fois en chemin, l'officier qui commandait
ordonna à ces guides de les mener dans un bourg
qu'il désigna.

Les braconniers ont presque tous un langage par
signes à l'aide duquel ils se comprennent. Ceux dont
nous parlons échangèrent quelques coups d'œil et
s'entendirent suffisamment.

— Ecoutez, — avait dit le commandant aux
guides, — le bourg est occupé par des Français
que je veux surprendre ; quand nous serons à un
demi-mille des premières maisons, vous me pré-
viendrez. Si vous trahissez, malheur à vous ! Voilà
deux de mes cavaliers qui vont mettre pied à terre
et qui vous brûleraient la cervelle au moindre signal. En route !

On marcha pendant une heure à travers les ténèbres. Les braconniers prenaient des sentiers étroits et faisaient maints tours et détours. Le bourg ne paraissait pas.

Le commandant s'en étonna et interrogea les guides, qui lui promirent que l'on arriverait bientôt. En ce moment on débouchait sur une grande route.

Dix minutes après, les deux cavaliers qui veillaient sur les braconniers tombèrent chacun à droite et à gauche du chemin, dans les profonds et larges ruisseaux qui bordent les routes en Italie : en même temps, les deux Italiens sautaient par-dessus les mêmes ruisseaux avec l'agilité des gens de leur profession, et ils disparaissaient dans les rizières.

Il était difficile, sinon impossible, de les poursuivre à travers les champs inondés.

L'embarras des Autrichiens était grand. Ils ne savaient pas où ils se trouvaient, et ils se sentaient incapables de retourner sur leurs pas par les sentiers qu'ils avaient suivis.

Un quart d'heure se passa sans qu'une décision fût prise ; un galop retentit, c'était un peloton de cavaliers français qui accourait à toute bride.

Les Autrichiens, dans le premier moment d'effroi, s'enfuirent, et ils vinrent tomber au milieu d'une garde d'infanterie. Tout ce détachement fut fait prisonnier. Les braconniers passèrent en riant devant le commandant ennemi qui les avait menacés de mort.

— Etes-vous content de vos guides ? — lui demandèrent-ils en ricanant.

Le commandant proféra une injure.

— Vous avez l'air furieux, — reprit un des Italiens, — nous avons pourtant exécuté vos ordres, quoique avant hier vous ayez pris du gibier sans le payer ; seulement, au lieu de vous faire aborder le bourg en face, nous vous y avons conduit du côté opposé.

— Bon voyage, commandant ! — reprit l'autre

braconnier ; — vous êtes bien heureux, vous allez voir Paris.

Et ils s'éloignèrent en sifflant la fanfare de l'hallali. Trois mois après, ils étaient nommés gardes chasses en récompense de leur présence d'esprit et de leur dévouement à la patrie.

La vie des soldats dans les camps est assez peu connue, on ignore une foule de détails intéressants sur la façon dont ils bravent le mauvais temps.

Autrefois, les armées en campagne étaient obligées de coucher en plein air. Chaque soldat avait un sac en toile, il se glissait dans cette espèce d'étui et il dormait ainsi.

Un voltigeur eut un jour, en Algérie, l'idée de découdre un sac et ceux de trois de ses camarades ; il réunit deux de ces morceaux de toile en forme de toit ; il soutint ce toit par des bâtons, des piquets et des ficelles, boucha les ouvertures avec les deux carrés d'étoffe, et tout le camp, — officiers et géné-

raux compris, — vint admirer l'invention du voltigeur. La *petite tente* était trouvée.

Le soldat, sans se surcharger, pouvait à partir
de ce moment emporter sa maison sur son dos.

L'invention du voltigeur a permis aux armées de
faire les plus lointaines expéditions sans être for-
cées de traîner, comme l'arméeanglaise, par exemple, un immense matériel de camp. Pendant tout un
hiver, en Crimée, nos soldats se sont contentés de
leur petite tente.

On imaginerait difficilement jusqu'à quel point
ce léger abri protége contre le froid et la pluie. Dès
que l'on a dressé cette tente, on creuse tout autour
avec la petite pioche qui garnit la hachette un fossé
profond auquel on ménage un écoulement; on garnit l'intérieur d'herbes sèches; on se fait un lit
moelleux. Ce n'est pas positivement un lit de plumes,
mais il ne faut pas se montrer trop difficile en campagne. Quand la pluie a détrempé le sol et mouillé

les herbes, on allume de grands feux, et avec la cendre chaude ou sèche le sol.

Plus il pleut, mieux l'eau glisse sur la toile gonflée ; si quelques gouttes d'eau passent à travers l'étoffe, c'est au commencement de l'ondée.

Il arrive parfois que des orages violents rendent inutiles toutes les précautions ; l'eau envahit le fossé et pénètre dans l'intérieur de la tente. En ce cas les soldats disposent leurs havre-sacs de façon à pouvoir s'accroupir sur ces coussins improvisés à la façon des Orientaux ; ils s'adossent les uns contre les autres et ils sommeillent ainsi.

Certes il y a beaucoup de personnes douillettes qui se trouveraient gênées dans cette situation ; mais quand on a fait dix lieues on est si fatigué qu'on s'endormirait sur des pointes de baïonnettes.

Un Français habitué à voir défiler nos régiments les jours de parade serait fort étonné en les revoyant faire une étape en campagne.

Les zouaves surtout ont fait subir à leurs uniformes les plus étranges modifications.

Pendant la campagne d'Italie le correspondant d'un journal chevauchait avec un officier d'ordonnance, quand ils rencontrèrent une bande de soldats portant les vêtements et les coiffures les plus diverses ; les uns avaient des chapeaux de soie enfoncés et jaunis, d'autres portaient des bérets, quelques uns abritaient leurs têtes sous d'immenses chapeaux en palmier tressé ; il y avait aussi des sombreros espagnols et des chapeaux pointus italiens ; mais il y avait surtout quelques coiffes de dames triomphalement ornées de plumes.

Ces singuliers soldats portaient qui un pantalon de toile, qui une culotte courte avec molletières, qui une blouse blanche ; certains avaient des habits noirs à pans rognés ; plusieurs se prélassaient dans des redingottes à la lévite, découpées par devant afin de ne pas gêner la marche.

Les havre-sacs étaient garnis de bibelots de toute nature ; il y avait surtout un grand nombre d'animaux : grenouilles vertes avec une échelle dans un petit flacon, lézards, caméléons, souris blanches, merles, pies, pierrots, perroquets, tout cela apprivoisé, criant, piaillant, croassant et s'agitant sur le dos des propriétaires.

Çà et là des tambours accompagnaient un chanteur qui jouait de la guitare. Cette troupe s'avançait pêle mêle, quittant la route pour cueillir des cerises ou des mûres, mangeant et buvant le long du chemin, et manifestant sa joyeuse humeur par de longs éclats de rire.

Le fond des costumes était oriental ; la veste mauresque dominait.

Le correspondant du journal s'arrêta. Fort intrigué de savoir quels pouvaient être ces soldats ; il questionna l'officier qui l'accompagnait.

— Mais, — répondit l'officier, — ce sont les ba-chi-bouzouks.

— Tiens, il y a donc des bachi-bouzouks dans l'armée !

— Certainement.

— Alors ce sont des volontaires turcs qui vont se joindre à Garibaldi.

— Pas le moins du monde ; ce sont des zouaves !
— s'écria l'officier en riant de la méprise. — Nous les appelons bachi-bouzouks à cause du débraillé pittoresque de leur tenue et du désordre avec lequel ils marchent.

Le correspondant n'en voulait rien croire.

Cependant, à la vue d'un magnifique drapeau tricolore dont l'aigle était trouée en pleine poitrine, dont la hampe meurtrie ne retenait plus que des lambeaux de soie, le correspondant comprit qu'un des plus beaux régiments de l'armée française dé-filait devant lui. Autour du drapeau se tenaient une trentaine de vieux soldats à barbe grise, le fusil sur l'épaule, l'air grave, presque sombre; ils marchaient en silence, sentant la responsabilité qui pesait sur eux.

C'étaient les *gardiens du drapeau.*

Ils ne le quittent jamais.

Au jour de bataille, cette phalange sacrée protége l'étendard, et, dans les plus furieuses mêlées, reste groupée autour de lui. Jamais le drapeau des zouaves ne fut en danger en Italie. Mais en Crimée il fut exposé une fois, à Trakir. Pendant une demi-heure, le peloton d'élite le défendit. Quand le régiment fut dégagé, on fit l'appel des gardes-étendard.

Pas un ne répondit.

FIN

# TABLE DES MATIÈRES

FIN DE LA TABLE

Abbeville. — Imprimerie P. BRIEZ.

# LIBRAIRIE ACHILLE FAURE

## 23, BOULEVARD SAINT-MARTIN, PARIS

---

## NOUVELLE COLLECTION A 1 FR.

**Les Francs-Routiers, par** ANTONY RÉAL.

**Les Tablettes d'un Forçat, par** ANTONY RÉAL.

**L'amour Bossu, par** HENRY DE KOCK.

**Les Petites Chattes de ces Messieurs,** par
HENRY DE KOCK.

**La nouvelle Manon, par** HENRY DE KOCK.

**Guide de l'amoureux à Paris,** par HENRY DE
KOCK.

**Le Colonel Jean, par** H. DE LACRETELLE.

**Un Mariage entre mille, par** VICTOR POUPIN.

**Nicette,** par ADRIEN PAUL.

**Thérésa,** par Adrien Paul.

**Jeanne de Valbelle,** par Casimir Blanc.

**Les Ornières de la Vie,** par Jules Clarétie.

**Séduction,** par Raoul Ollivier.

**Nos Gens de Lettres,** par Alcide Dusolier.

**Les Cachots du Pape,** par Ch. Paya.

**La Guerre de Pologne,** par Eug. d'Arnoult

**Lettres gauloises,** par Ulysse Pic.

**Soirées d'Aix-les-Bains,** par Mme Ratazzi.

**Rien ne va plus — La Rouge et la Noire,** par Léon de Marancourt.

**Impressions d'un Japonais en France,** par Richard Cortambert.

**Bill-Biddon-le Trappeur de Kansas,** par C. de Cendrey.

**Natt-Todd-le Prisonnier des Sioux,** par le même.

**Histoire des persécutions religieuses en Espagne,** par La Bigaudière.

**Les brigands de Rome,** par Eugène d'Arnoult.

**Histoire d'un Trésor,** par Ernest Billaudel.

**Comment on tue les femmes,** par Gourdon de Genouillac.

**Dictionnaire universel d'éducation,** par Ch. de Bussy.

**Le roman d'un Zouave,** par Graux.

**Fables Nouvel'es,** par Ed. Granger.

**Les Finesses de d'Argenson,** par ADRIEN PAUL.

**Souvenirs d'un Zouave, campagne d'Italie** par LOUIS NOIR.

**La Télégraphie électrique,** par PH. DAUBIAC.

**La France Travestie,** OU LA GÉOGRAPHIE APPRISE EN RIANT.

---

Pour recevoir *franco* un des volumes de la collection à 1 franc il suffit d'envoyer à M. Achille Faure la somme de 1 fr. 20 c. en timbres poste

---

M. FAURE expédiera ses publications en compte à MM. les libraires qui lui en feront la demande, et prendra note, s'ils le désirent, de leur adresser ses nouveautés d'office, avec faculté de retour et d'échange.

---

**Remises exceptionnelles et très-avantageuses pour tous les libraires.**

Abbeville — Imprimerie P. Briez